日本災《わざわ》い伝承譚

大島廣志 編

アーツアンドクラフツ

目次

【疫病】

【地震】

【津波】

【噴　火】

【雷】

装丁◉林 二朗

日本災《わざわ》い伝承譚

【疫病】

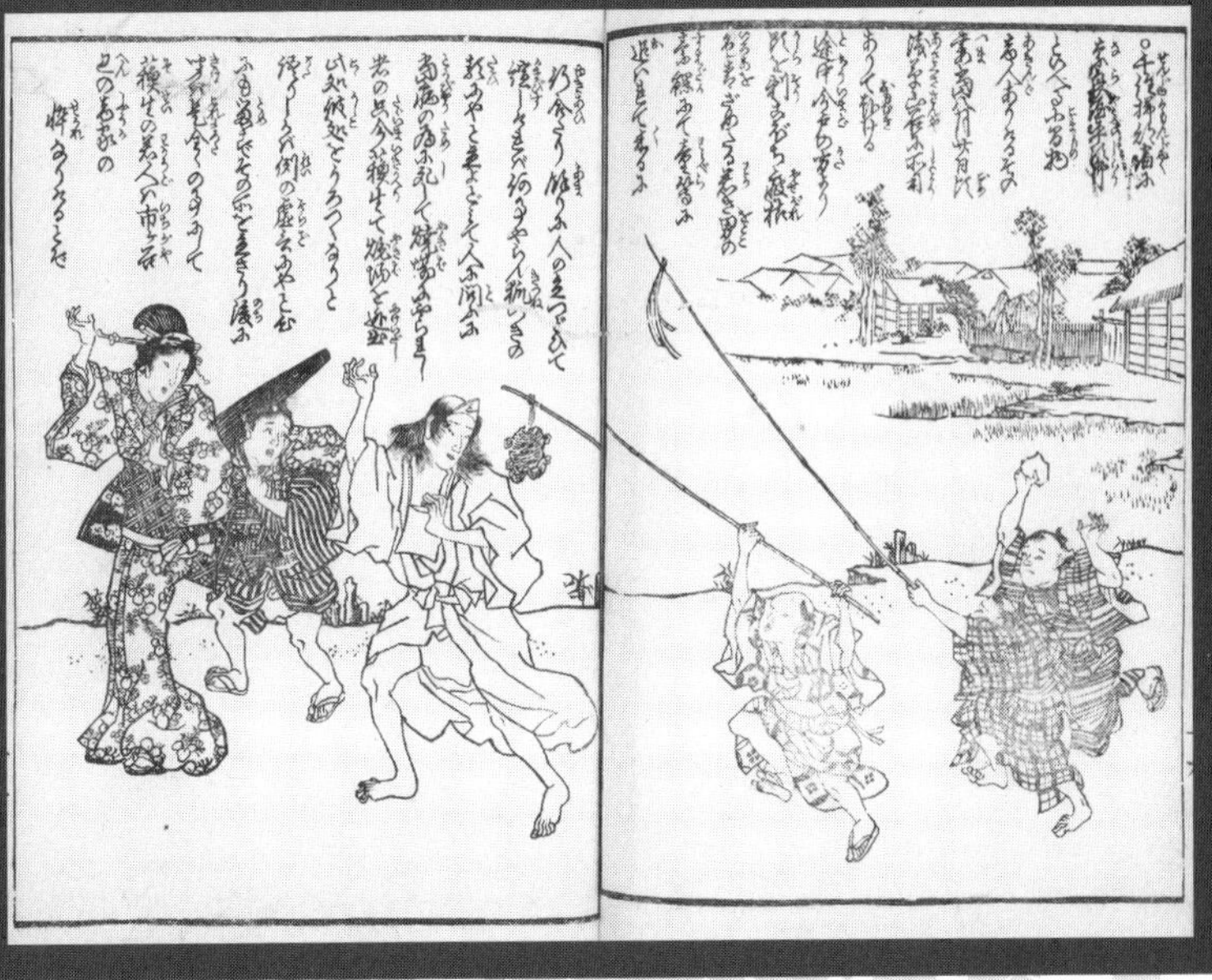

安政5年（1858)、コレラによってパニックに陥った江戸の様子。
『安政箇労痢流行記』金屯道人（仮名垣魯文）編

蘇民将来

昔、北の海にいらっしゃった武塔《むとう》の神（武に勝れた神）が、南の海の神の娘をよばいに出かけられたとき、日が暮れてしまった。その地には兄の蘇民将来《そみんしょうらい》と弟の巨旦《こたん》将来がいた。兄の蘇民将来はとても貧乏で、弟の巨旦将来は金持ちで倉が百もあった。武塔の神は巨旦将来に一晩の宿を頼んだ。巨旦将来は物を惜しんでことわった。次に兄の蘇民将来に宿を頼むと、引き受けてくれた。粟の茎の藁で座る場所を作り、粟飯などで食事をさしあげた。

何年か後に、武塔の神は八柱の子と一緒に蘇民将来の家へやって来て、

「我は、将来に恩返しをしよう。お前の子孫はこの家にいるか」

とお尋ねになった。蘇民将来は答えて申し上げた。

「自分の娘と妻がおります」

すると武塔の神がおっしゃった。

「茅の輪《ちわ》を腰の上に着けておけ」

蘇民将来はいわれるままに茅の輪を作って腰の上に着けておいた。その夜、蘇民将来の家族以外、すべて殺されてしまった。そこで武塔の神は、

「自分はハヤスサノヲの神である。これから後、疫病があったら、〈私は蘇民将来の子孫〉といって、茅の輪を腰に着けている人は疫病から免れるだろう」

と、おっしゃった。*

＊『風土記』岩波書店、一九五八年刊。本文〈七一三年?〉を編者が現代語に訳しました。前書きに「備後の国の風土記に曰はく、疫隈の国社」とあります。現在の広島県福山市新市町の素盞嗚《すさのお》神社で、蘇民将来伝説発祥の地といわれてます。

疫病神

昔、ある村里からはなれた荒磯の塩焼き小屋に夫婦の者が住まって塩をたいていた。

ある夜、五十挺積ぐらいの小早《こばや》に大勢の人が乗って、こぼやいと掛け声をしながら沖の方からやって来るのが見えた。するとまもなく、その舟は塩焼き小屋の下の岸口《しぐち》に着いて、やがて大勢の人がぞろぞろと降りてきて、塩焼き夫婦のところに押しかけて、一夜の宿を貸してくれと頼んだ。見ると、あまりたくさんの人衆《にんじょう》で、そんな大勢の人々は泊められないと断わると、この人たちはまた舟に乗って漕《こ》ぎ出して、つぎの塩焼き小屋のある磯へ舟を着け、前のようにまた一夜の宿を乞うた。

この塩焼き小屋は夫ひとりっきりなので心よく泊めてくれ、茶や粥《かゆ》を出してふるまった。

皆はこれで命が助かったと安心の色を見せて、この小屋に寝泊まることになった。主人が夜中にふと目を覚ましてみると、驚いたことにはこのお客たちは芭蕉《ばしょう》の根《ねぐり》になったり、蘇《そ》鉄《てつ》の根株になったりしてごろごろ転がっているので、主人はきみが悪くなって、沸きたつ湯潮をくんできて一つ一つに引っかけた。この人たちはびっくりして起き上がり、恩はあとで返すといいすてて、また舟に乗って漕ぎ出した。

またつぎの塩焼き小屋のある磯に舟を着け、前のように一夜の宿を乞うと主人は快く泊めてくれて、いろいろのごちそうを出してもてなした。ここでもこの人たちは芭蕉や蘇鉄や阿《あ》檀《だん》の根株になって寝込んでいたが、一番鶏《どり》の歌うころになって、主人は旅の方々、旅の方々、もうお帰りになる時刻ですといって一同を起こすと、この奇妙な人たちはがばとはね起き、みなして主人の名前やその親兄弟、親族一同の名前を聞きただし、これを帳面に控えて、恩はあとでおくる。いついつかにお前たちの島（国）にしょかん病という病気がはやる。そのときはお前の一族の者だけは助けるから、この札を門口にかけておけといいながら、一族の数だけの札を渡して、この奇妙な旅人たちはどこへとも知らず姿を消していった。

果たせるかな、その日には、しょかん病という病気が、この塩焼き人たちの村にはやり出し、この札を渡された一族の者のほかはのこらず病気にかかり、吐き下しのため死んでしまった。さきに妙な旅人に湯潮を引っかけた人たちもすべて死んでしまった。人のために尽くすならば最後までしんをもって尽くさねばならぬ。恩を返してもらおうと思ったり、恩を相手にきせたり、吹聴したりすると、その徳は神明に達しないということである。

(―鹿児島県― 金久正「奄美大島の昔話(二)」『旅と伝説』第十六巻第十一号)

暁の明星とカスンデ

　昔、厚岸《あっけし》（北海道厚岸郡）にカスンデという非常に雄弁な人がいたが、心の正しくない人であったために人々にきらわれ、ついに自分の叔父に殺されてしまった。しかしカスンデは直に生き返って、前よりも更に悪い所業を重ねるので、とうとう父親もたまりかねて、ある日カスンデが川の中で簗《やな》を作っているとき、後からカスンデを打ち殺して、下顎は一本の立木をたわめて、その先に縛ってはなしたので、高い木の上にはね上り、上顎は石を縛りつけて川底深く沈めてしまった。そのため、こんどは生き返ることができなくなってしまった。

　このカスンデという者は、実は普通の人間ではなくて、疱瘡《ほうそう》の神様であるパーコロ・カムイの子供であったので、殺されても殺されても生き返ることができたのであるが、父親に生き返られなくされたので、疱瘡の神様パーコロ・カムイが非常に怒って、たちまち厚岸部落の人間を全滅させてしまい、殺されたカスンデを生き返らせようとしたが、木の梢にくくりつけられた下顎だけはいくら探しても見当らないので、下顎だけは木でつくってやっと生き返らせた。

するとカスンデはパーコロ・カムイのところへ行って、どうか世界中の人間を全滅させてくれと頼み込んだ。

これを聞いていた天上の神々は、何とかしてカスンデのあばれるのを押えようと、色々心配した結果、夜明けの明星をカスンデのところへ嫁にやり、人間の世界への仇討ちを思い止まらせようとした。

カスンデがあばれそうになると、暁の明星は家にいてカスンデを慰めなければならないため、時々夜明けの空に出てこないことがあるのだという。そういうときには、いつカスンデが暴れ出て病気をはやらせるかしれないから、気をつけなければならないと言い伝えられている。

（―北海道―　更科源蔵『アイヌ伝説集』）

疱瘡神の伝説

勇払郡穂別町泉上（現・北海道勇払郡むかわ町）は、昔カイクマといったところで、この部落の直ぐわきにコムシプド[1]（コムニウシで楢の木のあるところの意か）という小山がある。この麓に、昔コムシコルとカンハウイとラコッともう一人の妹と、四人の兄妹が住んでいた。

そこへ或る年に疱瘡[2]が流行して来て、コムシプド山の麓に弁財船がやって来て、その船は霧の縄でコムシプドの奥のウラウコッペという山の頂に結ばれて、波にゆれるようにゆれていたが、その弁財船から部落の方に霧の橋がかかって、その上を丹前を着た者が、人間の腕を噛りながら往ったり来たりしていて、人間のいる頭の上に来ると、

「そら雄鹿だ！　早く射ろ！」

「こんどは雌鹿だ、早くしろ」

と指揮をしていた。そういったと思うと不気味な弓の弦音がして、人々がバタバタと倒れて行き、部落の人々は全滅しそうになったが、そのとき兄のコムシコルだけは、山の名と同じであるために疱瘡の神様に狙われず、妹はボロボロの帽子に、ボロの着物を着て、ボロの手甲をし、ボロ布を煙草にして喫《の》んでいたので、疱瘡の神様も、

「くさい、くさい」

といって、顔を横に向けて相手にしなかったので、この二人だけは助かったので、それから、酒のあるときには必ずこのコムシドの山に酒を捧げて感謝するようになった。

今でもこの山に狐が来て啼くと、何か部落に変事があると言われている。

〔穂別町　種田覚蔵老伝〕

＊1　「ㇳ」はアイヌ語の仮名表記。現代仮名遣いでは「トゥ」と表記する。
＊2　天然痘。天然痘ウィルスを病原体とする感染症。急激な発熱・頭痛・悪寒で発症、全身に発疹が広がる。日本では六世紀半ばに症例がみられ、たびたび流行した。一九五五年に根絶された。

（―北海道―　更科源蔵『アイヌ伝説集』）

疱瘡

今はあまり行われぬようになったことであるが、以前は疱瘡に罹った者があると、まず神棚を飾って七五三縄《しめなわ》を張り、膳を供えて祭った。病人には赤い帽子を冠らせ、また赤い足袋を穿かせ、寝道具も赤い布の物にする。こうして三週間で全治すると、酒湯という祝いをした。この日には親類縁者が集まって、神前に赤飯を供え、赤い紙の幣束を立てる。また藁人形に草鞋《わらじ》と赤飯の握飯と孔銭《あなせん》とを添えて持たせ、これを道ちがいに送り出した。この時に使う孔銭は、旅銭ともいった。そうしてまだ疱瘡を病まぬ者には、なるべく病気の軽かった人の送り神が歓迎せられた。

（―岩手県―　柳田國男『遠野物語』より）

病送《やんめ》り

むがす。むがす。

あったけど。日本の国ていう処、開げねぅちよ。子供持ったあて、麻疹《ましん》*、疱瘡《ほうそう》で、亡ぐすっけど。一番亡ぐすっけど。村でよ。赤子生まれて、泣いた声聞いでさえも、イネグ（死亡）なって、次の日でも、ミンドガネ（弱い）くて居なぐなったって。小さいのに、今度、メンゴク（愛らしく）なって、ギンギンと笑うようになってから疱瘡で死なせで。まず子供の育だね村、ほういうふうな村の節《へづ》があったど。まず何処でも彼処でも、言うのよ。

「麻疹、来ねえば、好いげんとな」

ほんでも、麻疹、先ず来ねえばいいしな。本当にメンゴイ子供亡ぐすて、泣き別れでよ。

困った年あったど。麻疹でやられねで助かっと、今度は疱瘡でやられてな。次々産したた

て、本当に子供、育だなくてだったど。

ある家さ、爺と婆居たけど。神降ろしの家で、貧乏だけど。

「息子さ嫁きた。良かったたな。何た事したら子供育つべ。一所懸命俺達で孫育ててやるんだ。だが、俺達麻疹で悩み、やれやれ良くなったど思うど、疱瘡で取られ、何とメンゴグなってトコトコ歩くようになってがら。一番、心残りだてな。小ちゃこい時だば、小ゃこい時だからて、諦めもつぐ。あれもしたっけ、これもしたっけ、て。子育たねくて困った。麻疹神様や疱瘡神様さ、孫育てて貰えたいだが。爺つぁ」

て婆と爺の寝物語。起きでても話語り、寝でても話語り。話に涙こぼって、枯れ果でる程よ。もしかして、孫、麻疹なったら、疱瘡なったら、死んだら。爺も婆も孫授がねごんたらなーて、困って困って、話してだけど。

ある日よ。ある時よ。ヒョッと夢みだ。夢ていうが、現《うつつ》ていうか、何ていうが。ヒョイと爺が町さ行った時な、街角さ、ナンバ（唐辛子）串に刺した上さ、トガリナンバ（鷹の爪）を刺したのを見つけだけど。まるで人形さんのよだな。夢さめだら。本当に人形の

ようなのあったけど。

「アララス。こりゃあ魔除げだもんだがな。魔除げだべな」

あて、枕許ある串こ、不思議して見だけど。それ、茨人形で、カサカサなったようだな、雀こ食って、空なったようだな、空苞《からつと》こ背負って、ナンバ剣挿して、ほごら辺さ、ふっ飛んでいだな。爺、夢の中で魔除げだて拾ってきたど。婆と話したれば、

「爺つぁ。この串みでだもの、槍だな。槍、付ぐな。こげしてヤァーて、いくなだ。魔除げだがすんね。夢で授かったものだし、ヘヤ（納戸）さ置ぐべや」

魔除げの串みでだ物、オワダヘヤ（夫婦の寝所・納戸）さ飾って、孫授がねらぢがら、ナンバ剣ば、拝んでだなぁど。爺と婆な、孫さ麻疹や疱瘡、軽ぐ出すようにて、拝んでだったなぁど。

ある日よ。またまた、夢みたど。ほれ。夢みたど。夢さ拾ってきた人形出てきてぁど。空苞こ背負った、藁人形引っかかってだな拾った夢みだなぁど。夢の中で枕許さ置いでよ。麻疹、疱瘡軽くして、命、なぐなんね。命、永らぐように、爺婆の年まで命延びるようにて、拝んだなぁどな。枕許さ置いて、拝んでだところ夢みたなぁど。ほして、ハッと目覚

めだなだど。

「アラララ。今こんな夢だったやー」

婆ど夢物語ば語ってだなぁど。ほうすっと、婆も、同じ夢みたな。二人、同じ夢見ったなぁど。

「アララ。こうゆう事もあるもんだねやぁ」

て。夢の中で見た藁人形、ナンバ串刺しば思い出して、ああだけ、こうだけて、思い出して話してだ。竹だの藁だの曲げで、拵《こしら》えでよ。ナンバ挿してよ。ここさ。こう挿して、苞こ、藁で拵えだな。藁人形、空苞こ背負ってだけど。太刀みでだなよ。夢でよ。

「爺つぁ。夢で、こげだったがなー、あら、こうだけがやー」

「婆。婆。ンダケ（そうだ）。こっちは、こげだったがや」

「ンダケ。ンダケ。爺つぁ、持ってきて、俺も拝んだじゃ。孫授げで、授がったら麻疹、疱瘡軽ぐ出して、俺の年齢に成るまで、生きさせて呉ろて、俺も拝んだて。二人一緒、夢見ったけ」

ほして、二人寝物語して、孫や曾孫《ひこ》まで丈夫で大きくなるように拝むなだったど。ほげ

してな、

「夢の中の人形はあんな風だ。爺つぁ」

「婆。いや、こげだぜ。こんな風」

まるで、ほげして、二人は魔が憑《つい》だみでして居だなぁど。ほのうぢ息子だの嫁だのさ、爺ど婆の熱心な拝み分かっていったべ。

「爺つぁど婆っぁ。子供育てあげで、自分の番終わったわて、孫や曾孫なの何なったて、サレカマネ（一向に構わない）て、言う年寄りばり余計だに、まずタマゲダ。たいした者だ。曾孫のことまで心配して、夢みだて。その寝物語して。こげだ、あげだ、て言うと若い人達、ケクセ、イクセどが言われっさげて。語ってるな聞けでよ。こうまで子想う親。どれだけ心配してか分がんねもんだ。曾孫まで心配してるて。俺の親は特別だて」

ほの親父もよ。耳カタゲ（傾け）で聴いったがったなぁど。聴いても聴かぬふり、見ないふり知ゃねふりして居たど。ほして何年もして。何年も過ぎたけどよ。

ほしてよ。爺ど婆、何だがの夢みだった。家で小っちゃこく人形作って、小さな握り飯作て。背負わせでよ。藁人形ばそれ、捨てるなよ。ヘヤで拝んでいたった神様ば捨てるていう夢ば見た。ほげしているうち、役所から「病《やんめ》送り」の触れでたど。あんまり子供が死ぬ、育たねもんで、慈悲ある役人いでよ。「神降し」したど。先ず、村一同集まって、「村神降し」したら、オナガマ（民間巫女）の口借りて、教えごどしたなぁけど。

「みんな。人形拵えで、飯ば背負わせで、色飯《いろまま》背負わせで送って軽く出すようへな。麻疹も疱瘡も、軽く出るようにな。飯背負わせて出してやれ。育つように」

「神降し」したら、オナガマの口から、こう言って村中さ「村神様の教え事」どなった訳だ。「病送り」のヤンメ（病）人形拵えでよ。ナンバ剣挿してよ。村のカド（村境）さ送って。みんなカドさ送ってがら、大きい藁人形、ヤンメ人形拵えで、引いて来んべや。人形捨て場あて、あんべや。昔はな。そさ送って捨てて来るようにオナガマから「教え事」さったなぁがら始まったなだど。それ、爺と婆、夢みたと同じなだったべ。

「爺つぁ。夢まだ『村神降ろし』ど同じだ。正夢だったんだなぁ。まず、まず」

村の人達は爺と婆どさ正夢だて言って。人形の作り、爺と婆から聞いで村一致して「村神様の教え事」の言う通りに作ったど。病送りのヤンメ人形作って、皆の家で色飯炊いで、背負わせて病送りするようになった。掛け声あるなだど。

「ホーホーホー」

あて。色飯炊いた家も、醬油飯炊いた家も、お蒸《ふか》した家も、油揚飯炊いた家も、様々の炊き込み飯炊いた家も、ある、ある、ある、あるな。ほして旨いもの作って、ほして背負わせで出すなだったど。婆も喜んで、飯拵えて神様さ上げて。苞こ作って、ほれ背負わせで、よ。カドさ出したべや。藁たがってぇって、人形拵えてよ。手拵えてよ。足拵えてよ。ほしてコノモノ（男性の性器）拵えて着物も藁で着せて、帯させて、皆させてトントコトントコ「病送り」してきたなぁど。爺つぁも喜んでねやぁ。村中、来たなぁぜ。

オンサ（親父）まだ、その日、用向きあって他村さ行ったけど。そっち、こっちの村歩いて、夜になってすまったど。村境の人形捨て場さ来たら、寒くなったど。雪降りそうで。寒いべや。人形捨て場ば通ってきたなぁど。ほしたらば、人形、捨てられた人形が、御所拵えで、仮小屋さ胡座《あぐら》かいて、座ってだけど。オンサ、ほろ酔いで来たもんだか、

「あえや。お晩ですわ。遅くなりましたや」

挨拶したけど。仮小屋さいだもの。

「こんな寒い晩に居たながやー」

ほんで、人形ば肩さ掛けて、抱いてよ。抱き上げて、オンサ連れてったけど。村はずれの店さ入って来て、人形ばほごさ座らせて、

「嬶《かかあ》や。熱燗、一本。熱燗一杯！　ああ。一本んねや。二本。二本」

て、二本注文して、盃は面倒臭いさけ、大きいな好いて、大きいな注んでな。

「ああ、寒がったべ、寒がったべ。ほら。んですて」

そのオンサまだ、爺の息子だったど。拝んでいた爺と婆の子供だ。人形さ愛想してよ、

「ほれ、あがらっせ（召し上がれ）寒い所だな。飲めないな」

藁人形だもの、飲めないべ。んだはげて、口さ付けでな。藁だべや。

「あ！　こっつ寒いさげ、一杯飲め。暖まるはげ、一杯飲め。俺も飲むさげ、もう一杯」

もう一本、もう二本て、注文してよ。人形の口元さ酒飲ませ、注いでは飲ませ、注いでは飲ませ。一合徳利だか二合徳利だか、藁人形さ飲ませて、オワ（自分）は飲み兼ねでわ。

「手伝いして貰わねんねやー」

てな。愛想して、抱き上げたりして何と、酔ったおや。ほして今度、

「おひねりや！」

て、飲ませだり、口から、何とやぁて、

「腹まで暖まっさげ、飲まっせやぁ」

店の人達また。この親父、馬鹿になったんねがやと見っだっがったど。んだてお客だおの、ほげた事言わんねもんだお。銭払うお客だお。徳利出すたびに銭払ってよ。そして飲んでよ。切り上げ良くて、どうもご馳走て、人形抱いて立ち上ったけど。

「俺ゃ、酔った。酔った。旨《う》めがったねゃぁ」

て。ほしてまた、藁人形捨て場まで、送ってってよ。先ず飲んだ機嫌で、無事怪我ないように。南無南無南無て拝んでよ。拝んで、土間さ膝ついて何回も拝んでよ。

「子宝授がるように。先ず、軽く病は受げで、命に怪我なく、無事育つように、お願いします」

一所懸命、酒醒めるまでも、人形と何が語ってよ。それから家さ帰ったけど。

「何だや。オドサ(父親)遅かったごどや」

「何とや。ご馳走なってや。来らんねがったおや。あんと、知ゃね友達と逢たもんで、一杯飲んでや、ほして来た」

村で飲んだもんだ、言わなくても分がんべや。店で、「あの親父、病送りした人形持って来て。何だて。神人だもんだて。何だて、寒みがったべ。この寒み時、冷えできたもんだ。熱燗飲め。こう言って飲ませたけど。飲ませて、オワ（自分）飲んで、口がらシャッジャッ飲ませて、掛けで、腹から暖まったさげ、寒がったべ、寒がったべ。四本も飲んで、ほして、オワ飲まねで人形さ皆、飲ませだもんだ。アエンダテ（何だって）まず。あの親父、まず」

ほの次の日。店がら話聞けできたべや。『アエンダテ』と、聞けで来る頃、疱瘡じゅうもの流行してきたなぁど。ほして村さも入って来たなぁど。疱瘡神な、ビッツ、ビッツど。ほしたら息付がんねぐなるて。鼻ん中さ、鼻の穴さも出るもんだはげ。葱取って、鼻の穴ん中さ、押っ込んで息出るようにて。ほげしてアヅガウ（看病）節なって来た時、村中、疱瘡さかがったど。ほすでも、そこの家、一軒、逃《のが》れだなぁど。ほん時、腹人（妊婦）居だったど。ほの家の嫁、腹人だったど。産むばり、はっ裂げるばりなったべげんともナシソデモ（臨月なのに）難入んねがったど。トンヌケ（抜けて）行って。ずっと村中、疱瘡なったぁど。げんとも、爺と婆の息子で人形と酒飲んだオンサの家さは入らね。あっちの家、こっちの家、イネグ（死亡）したあて、言ってるっ時、戻り反って疱瘡神様よ。オンサの家さ、来たらしがったなぁど。ほの頃によ、赤子産まれだなぁどな。赤子産まれてテンヤワンヤやっている時、疱瘡神様入って来たげんともな。今度、引き止められだなぁど。口からシュウシュウど、

「ほれ、熱燗飲め、熱燗飲め。腹まで暖まっさげ、飲まっせやぁ」

あて、ほれが良くてよ後ろから引き止められ、疱瘡神様入って行がんねくて、後ろからズルズルど引きずらって、人形捨て場まで持って行がったな。赤子産まれたなさ、入らねでよ。別の所さ行がせだなぁど。ほごの一軒残してよ。疱瘡神様入らねがったど。

ほれがら、村で、騒動なったど。

「あの家ばり、何故、疱瘡神様行がねがったべ」

「病送りの人形さ、熱燗飲め、熱燗飲めて。胡座の上さ人形抱いて、寒い、こんな時楽でねんだ。俺も寒くてや。て、愛想したなが通じたなだな」

あて。茶屋の嬶言ったけど。村の人、貧乏だ「神降ろし」の爺ど婆ど息子夫婦ば、

「神降ろしの爺が夢見だて。拝みだて。馬鹿されね。息子の旦那だて、たいした旦那だぜ。

人間は衣装から判じらんね。病送りじゃ、有り難いもんだな」てよ。感心したけど。ほれがらな、「藁着てても心が錦」て言うな。藁人形だて心有る。転がていたら、起ごして呉るようだ気持ちで居ねんねもんだてな。神ない、仏ないて言わねで、疱瘡神様だても神様だど。有り難ぐ想わねんねぞ、あてな。ズグッと注射の植え疱瘡じゃな「疱瘡神様の植え疱瘡」てな。流行《はや》たもんだど。

とんぴんからんこ・ねっけど。

［佐藤ミナエ］

＊はしか。湿疹ウィルスの感染によっておこる急性の感染症。三九度以上の高熱と全身に発疹が広がる。

（―山形県―　鈴木久子・野村敬子編『ミナエ婆の「村むがす」―山形県口承文芸資料―』）

東京檜原村の疫病

はやり病がやってきた

ひと昔前、檜原《ひのはら》村の尾根は人も馬も行き来する道で、現在バス通りになっている川沿いの道は人ひとりがやっと通れる道で、薬売りにしろ、旅の芸人、旅の僧など、村の外からくる人はいつでも尾根伝いにやってきました。

古い歴史をもつ檜原村には、先祖は平家や武田の落人だという家も多く、尾根伝いに落ちのびてきたと伝えられています。

尾根を伝ってやってきたのは、人ばかりではありません。疫病もまた峠を越えてやってきました。

　はやり病が人の姿をして集落に入ってくるという話は外国にもあり、ドイツではペストは白いドレス姿の女性が馬車でやってきたり、白い鳥になって飛んできたりしたと伝えられています。

八坂神社のできたわけ

　むかし、藤倉のあたりで赤痢《せきり》*がはやったことがあったらしい。

　そのころ、檜玉《ひのきだま》と呼ばれるすげ笠をかぶった人が、檜《ひのき》尾根を通って白岩にはいったのを猿江（集落）の人が見てたらしいんだね。それで、その人が来てからというもの、このあたりの人がみんな次々に寝込んだ。

　占ってもらうと、「おれを祀れ！」というので、みんなで八坂神社を作った。その人がどこからきたのかもわからないし、人間かどうかもわからなかったけんど、祀ったら、はやり病は治まったって。

〔白岩　田倉信賢〈明治四十年生〉〕

＊下痢・発熱・血便・腹痛などをともなう大腸感染症。

疱瘡神がやってきた

明治時代には疱瘡（天然痘）が三回大流行して、それぞれ数万人以上の死者を出したころの話だろうか。

あるとき、見慣れない赤い着物をした男が峠を越えてやってきたそうだ。そして、その男がきてからというもの、疱瘡がはやりはじめたものだから、あの赤い着物の男は疱瘡神だったということになった。

（田倉家はもう少し登ればそこは尾根で、さらに行くと眼下に奥多摩湖が見える場所だ。）

［白岩　田倉信賢〈明治四十年生〉］

赤い衣の人が空中を飛んでから

倉掛に大変な悪病がはやったことがあった。そのはじまりが、倉掛にある八坂神社と大六天さまというお宮から、赤い衣を着た人が空中を飛んだちゅうだね。

それからこっち、その悪病がはやって、それでたくさんの人が死んだ。それでお清めをしたら、病気もみんな治ったらしい。

［倉掛　高橋政之丞〈明治四十三年生〉］

（―東京都―　高津美保子「東京都檜原村の災害伝承」『語りの世界』69号所収）

埼玉のハシカ橋

ハシカ橋　その一（入間郡名栗村下名栗字程久保＝現・飯能市下名栗）

自然の平石に「文久二戌年　少名彦命　小沢村中」と記した小祠を、はしか神という。この祠の祀られているところは、成木街道にあたっているが、かたわらに土橋があり、この橋をくぐってこの神に詣れば、はしかにかからないという。*戦前までは、各地から参詣する人で賑ったという。

〔『名栗村史』〕

*文久二年＝一八六三年

ハシカ橋　その二（比企郡小川町角山）

小川町角山中区の西端から、上区の矢ね入りにはいる三叉路に架けられた土橋を、ハシカ橋という。

麻疹の流行期になると、この橋の下に親子連れをよくみかけた。この橋の下をくぐると、麻疹が軽くすむという。この頃は、この風習も絶えてなくなった。

［資料提供者・比企郡小川町大塚　大塚董氏］

ハシカ橋　その三（大里郡寄居町折原字五の坪）

麻疹流行期にこの橋の下をくぐると、麻疹が軽くすむといわれ、この橋をくぐる者が多かった。

［資料提供者・比企郡小川町大塚　大塚董氏］

麻疹橋（児玉郡美里村小栗＝現・児玉郡美里町）

小栗の中央を南から北に流れる小川に、土橋がある。

麻疹が流行すると、この橋の下を潜って八王子神社に参詣すると、ハシカにかかっても軽いといって、小児をつれて来るものが多い。

〔『郷土研究資料』第二輯〕

現在は石橋になっていて、それといわれなければ、わからぬような橋である。その習俗も絶えている。

市場の橋（比企郡滑川村羽尾＝現・比企郡滑川町）

市場の橋を子供の手をひいてくぐると、はしかが軽くすむという。

〔質料提供者・比企郡滑川村羽尾三九八―一　上野茂氏〕

＊この伝説で共通しているのは、橋をくぐってハシカをなおすことである。「橋下（ハシカ）をくぐる」ことが、「ハシカ（麻疹）をくぐり脱ける」ことに通ずるので、このような信仰がおこったものであろう。なお下名栗のばあいは、橋のかたわらに少名彦名命《すくなひこなのみこと》が祀られているという。少名彦名命が、ハシカの神と考えられたのは、医薬の神であるからであろう。下名栗のばあいは、よほど物知りの誰かがいい出してこの信仰が生れたものであろう。（編著者の解説文）

（―埼玉県―　韮塚小一郎編著『埼玉県伝説集成』㊥）

ハシカの神様

ある日、手々村《てで》（鹿児島県徳之島町）の百姓が田を耕していました。たんぼの中には、今にも畦越《うね》しに流れ出るのではないかと思われるほどの水が満ちていました。

「水をひと口飲ませてください」

どこからともなく現れた白髪のきたならしい身なりの老人が百姓にたのんだのですが、百姓は横目で老人をにらみつけながら仕事に夢中になっている振りをしていて、一向にとり合ってくれようとはしないのです。

老人は、しわがれ声で同じ言葉を繰り返していました。

「この忙しい時に、いちいちかまっていられるか」

今にもなぐりかかってきそうな百姓のあらあらしい怒声を聞くと、老人は仕方なくその場を去って行きました。

しばらくたって、老人は、シッチャ田（乾田）で仕事をしていた百姓のそばへ姿を現しました。そして、さっきと同じように、

「ひと口の水を飲ませてください」

と、たのんだのです。シッチャ田の百姓は、貧しい身なりの老人を見ると気の毒に思い、方々、水を探してきて、老人に与えました。

ひと口の水を飲み終わった老人は、

「この秋、ハシカという恐ろしい熱病が流行するが、お前のような善い心がけの者は、軽くすむようにしよう」

と、不思議な言葉を残したまま、その場から姿を消してしまいました。

秋になって、老人の予言どおり、体一面に赤いブツブツのできる熱病がはやりました。この熱病のために命をそこなった人も少なくなかったのですが、シッチャ田の百姓の一族は軽くすんだのだそうです。

だから、こじきのような貧しく困っている人の願いごとは、すげなくはぐらかしたりしてはいけない、という話です。

［昭和四十五年二月　亀津にて原口トモエさんから聞いた話］

（―鹿児島県―　水野修採話『徳之島民話集』）

クダベ

越中国（富山県）立山に、採薬を生業とする男あり。一日山深く入て尋ねもとめしに、下に図せし如くなる山精あらわれ出て、我は年久しく此山に住めるクダベという者なり、今年よりして三十五年の間、名もなきえしれぬ病流行して、草根木皮もその効なく、扁鵲《へんじゃく》、倉公《そうこう》*も其術を失うべし、されど我が肖像を図写して、一度これを見ん輩は、必ずその災難を免《まぬが》るべしと告げおわりて、かき消すように失《うせ》にけりという。近年流行せし神社姫の類にて、好事《こうず》者《しゃ》の申し出せし戯作《げさく》、一笑すべし。

（―富山県―　三田村鳶魚『道聴塗説』）

*司馬遷『史記』「扁鵲・倉公列伝」のなかの伝説的な名医。

「クダベ」の画（三田村鳶魚『道聴塗説』）

清明塚

静岡県小笠郡大渕村（現・掛川市大渕）字大港の中、西やけにその塚がある。もう少しで海岸の砂丘へ出ようとする手前の防風林についた、少し広い、平坦な小松原の中に囲まれている。海ぎしからは二丁ぐらいの岡手である。「塚」といっても塚らしいものではない。およそ二畝歩《せぶ》ぐらい（と記憶する）の、小松に囲まれた白い砂地で、そのまん中より北寄りの所に、一様に小豆色の大小の石ころを積み上げた石の堆がある。それが清明塚で、そのまわりにはやはり小豆色の石ころがいくらも転がっている。

こんな伝えがのこっている。

昔、陰陽師安倍晴明がこの地へ来た。その時、この稀代の博士に、村人たちは怖ろしい遠州灘の波の音と、津波とを、永劫に封じて貰いたいと頼んだ。

その時、晴明は津波を封じるにはいくら、波の音を封じるにはいくらと、別々にその謝礼を要求したそうである。そのたかがいくらだったか、私は母から幼時聞かされたのについ忘れてしまったが、その当時にしてはなかなかの大金だった。村では寄金をして金を拵えた。ところがちょうど津波を封じるだけの金ができて、あとの波の音の分はどうにもできる見込みがない。

そこで仕方がないので、その金だけ持って行って晴明に頼むと、それでは津波だけ封じてやろうと、それだけ封じてくれたそうである。随分算盤《そろばん》高いいやな博士であるが、お陰で遠州人は津波の怖さを知らない。

これを徳として晴明はここに祀られたのかもしれない。

以上で晴明に関した直接の伝えはおしまいであるが、今一つ、次のようなことが信じられている。

それは、この晴明塚を信仰すると、疱瘡にかからぬということである。どんなに疱瘡がはやってきても、この晴明塚を信仰すればかかりっこないというのだ。

お願いを懸ける時は、塚から石を借りてくる。お願いが叶った時は、お借りした石の数の二倍の礼石を納めますといってお借りする。お礼の石はどんな色の石でもいい。小豆色でなくても石でさえあればいい。

小豆色でない石を塚に納めても、その石は一夜にして皆小豆色に変ってしまうといわれる。

［孔版「土のいろ」第五巻一号］

（—静岡県—　岡部由文・加茂徳明・後藤康宏・渡邊昭五『日本伝説大系』第七巻）

熱の神

牛島（香川県丸亀市）の五左衛門は元は大阪へ行《い》てあくた舟を押しよったんじゃった。明日は正月という日にあくた舟を押して橋の下で休んどったところが、商人風体の人が橋の上を通りかかって、「船頭一晩泊めてくれ」と言うてきた。こなざまくい所でもよかったらというわけで泊めてやった。夜明けごろになって急に帰ると言う。帰るとしたところで寒いのにと怪しう思うとったところが、「わしはの、お前の家も所もよう知っとるぞ。何を隠そ、この節分の晩には豆を打たれる。どうもこのめでたい日には、皆のおる家の回りにはおられんから逃げて来よったのじゃ。わしは悪い神じゃ。熱病にかからす神じゃ。お前にはさわりはせんが、何ぞ恩を送ってやる」と言うて帰ってしもうた。そこで五左衛門は大変不思議に思うとった。

ある日のこと、ひょっと番頭風体のものが、「讃岐《さぬき》の牛島の五左衛門はんはおりますか」と言うて来た。

舟のはたへ来て土にひざまずいて、「内には旦那が熱が高うて困っとる。うとうとしもって旦那が、『讃岐の牛島の五左衛門を呼んでくれ』と言う。貴方が来て、さすってでもくれたら治ると思う」と言う。「そりゃわしゃ何ちゃできんが、そないに言うんなら」と思うて出かけて行った。ところが旦那が寝《やす》んどる枕のとこに、この前宿を借りに来た人がおる。他のものには見えぬが五左衛門にはよう見える。「お前が来たら、のいていぬぞ」と言うた。「お前はくれるだけ金をもろとけ」と言うた。それで五左衛門が旦那をさすると熱の神はよけてしもうた。

旦那は弱っとったのが、気分がようなって治った。五左衛門にはようけ礼をくれた。

五左衛門はそれから運ができて大分限者になったんじゃ。長者鑑《かがみ》にまでのった人じゃ。長者鑑にのったらむげんの鐘をつく時、自分が思うことを言うものじゃ。あまり大きい望を言うてもいかんし、ちいさ過ぎてもいかんもんじゃ。

油石と浜との間には千石船が越しよったもんじゃ。五左衛門は、あの油石と浜との間に千草が生えるまで、五左衛門の後が続くように望んだが、あまり望がこんもうて。見よる間にしゃってしもうて、五左衛門の身代は見よる間に消えてしもたんじゃ。

今では油石と浜との間はしゃってようけ草が生えとるぞい。

(—香川県— 武田明編『讃岐佐柳島志々島昔話集』)

疫病神とだぢんつけ

昔々、あったず。

ある所ね、とても貧乏で、その日暮らしてるだぢんつけぁ（駄賃付け）*あったず。ある時《づぎ》、疫病神ぁほえど（乞食）ねなって歩いて、村外れさ行《え》ったけゃ、だぢんつけさ行合《えぎあ》ったへで、だぢんつけぁ、

「んが（お前）どごさ行ぐどごでぇ」

たけゃ、

「だんな様の所さ行ぐどごだ」

たへで、

「そこだば、まだまだ遠えや、馬さ乗《ぬ》れ」

たけゃ、

「申しわげぁなくて、乗れねぇ」

たへで、

「おれぁ、人を乗せるね馬引《ひ》で歩りてるし、こたね雪ぁ降ってぁ、ゆるぐねぇだ、おらほさ泊まって明日《あした》行ぐべし」

たけゃ、

「へだら、そやすがな」

て、馬さ乗って、だぢんつけの家《え》さ行ったず。家さ行ったば、だぢんつけぁ、あっぱ（妻）さ、

「今日働《かへ》だだぢんで、米買って来るへで、米けぇこ煮で出して、あでで泊めろ」

て、泊めだず。朝ねなったけゃ、乞食ぁ、昨日の礼言《へ》って、

「おれぁ人でねぇ、疫病神だ。あそごのだんな様、銭貸したの無理して取ったりして、人情ぁねぇ人だへで病《や》まへるぁ、その時のまじないきか（教）へるぁ。へおんころころまど

うげ、あびらうんけんそわか〉て三回言《へ》ればえや、おれど一緒ねあべ」

て、行ったず。そやて、そこさ行ったけゃ、疫病神になったへで、見《め》なぐなって、だぢんつけぁ、銭借りるふりぁして入って行ったのさかだて行って、横座《じゃ》さ寝まってらだんな様の背中さ、くぎ打ったず。だぢんつけぁ、

「すぐ年取りになるへで、なぼが（いくらか）銭こ貸して下せぇ」

たずども、

「貸へねぇ」

たへで、

「有難うがんす」

て、来たず。そのうちね、だんな様熱ぁ出で来て、大騒ぎねなって、医者何人も頼んだずども、ひとつも（一向に）熱ぁ下らながったず。だぢんつけぁ、次の日もまだ、銭借りるふりぁして行ったけゃ、だんな様見《め》ながったへで、

「だんな様、どっちゃ行ったえ」

て、聞だけゃ、

「昨日がら熱ぁ出で、医者頼んでも下らねぇへで寝でら」

たへで、

「効ぐだがどだだが分らねぇどあせぇ、おれぁ、まじねい覚《お》べでら」

たけや、

「へだら、まじなってみで呉ろ」

たへで、疫病神がら聞だようね、

「おんころころまどうげ、あびらうんけんそわか」

て、三回言《へ》たけゃ、熱ぁだんだんね下って良ぐなったず。その話聞で皆してまじなってもらうよねなって、だぢんつけぁ、だんだんね良《え》暮らしするようねなったず。

これ聞でどっとぱれぇ。

＊馬の背中に、人や貨物を乗せて輸送する馬借《ばしやく》・馬子《まご》のこと。駄賃馬稼《だちんうまかせぎ》。

（―岩手県―　丸山久子・佐藤良裕編『陸奥二戸の昔話』）

流行病よけ

字を知らない父があった。子供が寺小屋友達から「流行病《はやりびょう》がおこった時は戸間口に鎮西八郎為朝と書いて張っておけばよい」と聞いてきて父に話し、「今日書いて張っておいておくれ」といって出かけた。

父は字を知らないと子供に言えないから、「よし」と返事をしたまま隣家の「かしや」と書いて張ってある紙をはぎとり自分の家に張っておいた。子供が帰ってきて見ると、今教わっている字だから読めた、そして驚いた。

「父さんかしやって書いてあるじゃねえかい」「うん、病気が留守の家へは来ないようにしておいたのだ」

（―長野県―　小山真夫『小県郡民譚集』）

コレラのこと

いまは交通戦争といって、交通事故で命をうばわれる人間が一番多いが、むかしは伝染病で亡くなる人が一番多く、とくに第一線の警察官での犠牲者が多かった。なかでも、こわかったのがコレラである。

だから、コレラのことをコロリと呼んだのである。明治のはじめ、愛媛県でのチョイト節に、

いやだいやだよ巡査さんはいやだ
　巡査コレラの先走り
チョイトチョイト

というのがある。

この悪魔のような病菌が日本に来たのは、安政五年（一八五八）で、アメリカ軍艦ミシシッピー号がはこんで来たという。

その年江戸だけでも二十万人の死者を出している。当時の江戸人口の五分の一がコレラに命をうばわれている勘定になる。

伊予（愛媛県）では、この年周桑郡新田村だけで、六十九人が死んだ。村の人口の四分一ちかくである。川之江代官所でも困り抜いて、松山藩へその処置方を照会したが、同藩でも川之江と同じで困っていた。

そこで松山藩は早飛脚をたてて江戸へ問い合わせた。ところが、コレラは江戸の方が多く、何ら手のほどこしようもなく、お手あげの状態であった。

川之江代官所ではやむを得ず救急策として、つぎのような治療法を宇摩郡内へ通達した。
一、からし粉を、うどん粉と等分に熱き酢にてねり、木綿布にのばして貼ること。
一、また熱き茶に、三分の一の焼酎を入れ、砂糖を少し加えて用ゆべし。
これでコレラが治るはずもない。

川之江市仏法寺の名松臥竜松の下に、自然石に刻んだ「檜垣清太郎之碑」というのがある。これは明治十九年（一八八六）のコレラ流行にあたり、その検疫に従事中感染して、二十二歳の若さで殉職した巡査の顕彰碑である。

また川之江塩谷の、よさこい節の主人公純信堂のかたわらに「和吉の墓」がある。これは明治十二年の夏に、警察にやとわれ、コレラ患者の取扱中に感染して死んだ和吉という人の墓。

この墓は、時の川之江分署在勤の巡査一同が建てたもの。この年には、伊予全体で猛威をふるったコレラは物凄く、松山署の巡査水野忠家も殉職した。

明治九年から大正五年までの間に、コレラにかかって殉職した愛媛県巡査は十三人もあったという。

明治十九年は最悪の年で、コレラで死んだ日本人は十万八千四百余人、天然痘が一万八千人、腸チブスと赤痢あわせて二万人以上という死者を出した。安政年間ならいざ知らず、明治の新政下でもこの状態であった。

（―愛媛県―　山田竹系『四国昔ばなし』）

【地震】

安政2年（1855）、東京湾北部を震央とする、M6.9の直下型の安政江戸地震が発生。江戸下町を中心に1万人余が犠牲となった。震災ルポルタージュ『安政見聞録』（1856年刊）より。

要石

鹿島神宮（茨城県）の本社のそばに、四方、垣根をめぐらして、中に少し石が頭を出しているところがある。

これは伝承によると、大昔、地下に大きな魚（ふつう鯰《なまず》だという）がいて、日本をとり巻いていた。そして頭としっぽがこの地で出会っていたのを、鹿島明神がその頭としっぽを釘づけにして貫いて動けないようにしたという。

この石がその釘づけにした釘で、地中にある長さはとうていはかることはできない。非常に奥深くまで石がいっていると伝えられている。

（─茨城県─　大林太良『神話の話』）

帰雲城

むかしむかしあるところに、心意気の悪い猟師がござったんやって。そして猟をして行きよったら、白山へずっと登って、お堂に立派な金の金仏様がおいでるということを知ってみえるもんで、それをおこして来て鞴《ふいご》で煽《あお》って金の延べ棒にして売るとお金儲《もう》けになる、そういう風でそれをおこそうと思って、一生懸命揺すってみたけど、下りて来ない。

そのうち日が暮れてまったもんで里へ、西洞《にしぼら》（岐阜県大野郡荘川村）ちゅう所の村に下りて来て泊めてもらったわけや。それからお婆さんに、

「今日は白山に上がって金仏様をおこそっと思ったけど、どんでもおきんと。何とかしておこす方法はないやろか。ああこれを一つおこいてくれると、お金持ちになれるんやがな

あ」

言うて、

「ほんなら私の腰巻き貸してあげるで、これを持って被《かぶ》せなさい。ほしたら汚《けが》れておりて来るで」

してまた、猟師の人はそれを借りて、ほして白山に登ってそのお堂を開けて金仏様に掛けた。そしたら、白山様はまあポコンとおきて、ほれからそれ、くるんで戻った。

ほしてそれを耳まで煽《あお》って延べ棒にして、お金儲けする楽しみで一生懸命やるけどもいね、もう火が大きくなればなるほど、金仏様はニコニコニコニコして、ほして溶ける気配もないし、ほして行く前に泊まったお婆さんがいろいろ相談する。ほしてお茶出して豆を炒って食べて。

ほで神様怒ってね、鞴《ふいご》でやってもなかなかほら溶けんでしょ。そのうち帰りはったわけやねえ、白山へ。そして戻って地震を起こしたわけや。

ほしたらあそこばっかでない、そこら中。帰雲山*なんかもその時に崩れたっていうんやでねえ。ほんでまあ、ここの村が一晩のうちに、赤崩れで、まあ何人か知らんけど一晩のうちに亡くなってもて、ほら悪いことはしていかんで、ちゃんと真面目にせなあ、いかんのやよって。

ほして西洞の村では、お婆さんが豆をお茶菓子に出して加勢したもんでねえ。ほいでお豆がいまだにできんのですって。ほんで悪いことしたらいかんで、真面目に良《え》え子にならないけんよって。

しゃむしゃっきり、なたづかぽっきり。

＊帰雲山《かえりくもやま》は岐阜県大野郡白川村にある標高一六二二mの山。天正十三年（一五八六）の天正地震で山が崩壊、内ヶ島氏の居城・帰雲城は埋没し、圧死者は五百人以上にのぼったという。

（―岐阜県―　荘川村口承文芸学術調査団編『荘川村の民話―伝説・世間話編』）

名立くずれ

昔、名立《なだち》（新潟県西頸城郡名立町）に五郎兵衛という漁師が住んでおり、妻をお仲といい、お今という十七、八の娘がありました。ある日の午後、一人の年とった旅僧がここを通りかかり、休ませてくれといってはいり、みんなの話を聞いていました。

「このごろは風も吹かないし、海も荒れないのに、どうしてこんなに暗いのだろう」

「半月ほど前から海の空が赤く見えるんだが、不思議なこともあるもんだ」

この話を聞いていた老僧は、

「昔、空がまっ暗くなり海がまっ赤になったことがあったそうじゃ。人々は不思議に思っていると、大地がくずれ、あっという間に家も人も土の下に沈んでしまった。たった一人、このことを知っていて遠いところへ逃げて助かったそうだ。その人の口から、この恐ろしい話が後世に伝えられたのじゃ」

と、恐ろしそうに語りました。これを聞いたお今は、

「この頃海の空が赤くなるのは、もしや、昔のような災難があるのではないでしょうか」

とふるえ出しました。すると五郎兵衛は、

「いいかげんな出まかせをいわずに、早く出て行け」

と、かんかんに怒り、旅僧の手を引っぱって外へ引きずり出してしまいました。しかしお今は、

「もしや、あの方はえらい上人さまで、わたしたちの災難を救おうとして立寄られたのではないだろうか。ありがたいことじゃ」

といって、すごすごと歩いて行く旅僧の後姿に手を合わせました。

そのころ、沖へ船をこぎ出していた漁師たちは、名立の空がまっ赤になっているのを見て、

「これはたいへんだ。名立は大火事だ」

といって、大急ぎで帰りました。しかし浜に着いてみると、いつもと少しも変わらぬ平和な漁村でした。ただ海の方を見ると空がまっ赤に燃えていました。

その夜〝どーん〟という大きな音がして裏山が真二つに割れ、あっという間に村は山くずれの下になり、海へ押し出されてしまいました。一瞬のうちに家も人も草も木も船もみんな埋めつくされてしまいましたが、たった一人だけ助かった人がありました。それは、旅僧の予言を信じて遠いところへ逃げていたお今でした。*

*これは寛延四年（一七五一）四月二十五日の夜中に起こった「名立くずれ」の言い伝え。翌日、年号が宝暦と改められたので「宝暦の大震災」とも呼ばれている。

（―新潟県―　小山直嗣『越後の伝説』）

島原の大地震と蛇

江戸時代の寛政年間（一七八九〜一八〇一）のはじめ、肥前・島原城下の片町《かた》（現・長崎県島原市）に杏庵《きょうあん》という医者がいた。

ある時、杏庵が病人の家へ行った帰り、道で子供が騒いでいた。子供たちは、棒で一匹の蛇をたたいているのであった。杏庵は、子供たちに銭をやり、蛇を逃がしてやった。

それからしばらくした夜のこと、杏庵が仕事の疲れで早々と寝ていると、外で、

「ごめんくだされ、ごめんくだされ」

という声がする。杏庵が出てみると、美しい女が立っていた。

「旅の者ですが、日が暮れて泊まるところがわかりません。どうか一晩、宿を借してくだ

され」

杏庵、根が親切なものだから、女に同情し、

「それはお困りだろう。こんな粗末な家でよろしければ」

と、女を家にあげた。

翌朝、女は起きる気配がない。杏庵がみてみると、旅の疲れで病んでいた。女はしばらく杏庵の家にとどまることになった。

そうこうしているうちに二人は相思相愛の仲となり、女は杏庵の妻となった。

夫婦となって一年が過ぎた頃、女は男の子を産んだ。何か月かのち、杏庵が早目に家に帰ってみると、あっと驚いた。大蛇が赤子を抱いて伏している。よく見ると、不思議なことに蛇は妻の姿にかわっていた。妻は泣きながら、

「じつは、私は以前にあなたに助けられた蛇です。恩返しのためにやって来ましたが、本当の姿を見られてしまったから、もうこの家にはいられません。子供はかわいそうだし、あなたと別れるのもつらいけれど、仕方ありません。私はもとのすみかの山の池に戻ります。私がいないと子供がお乳を欲しがって泣くでしょう。その時は、この玉をなめさせて

くださいﾞ」


と言って、一つのきれいな玉を差し出すと、スッと消えてしまった。

それからというもの、杏庵は一人で子供を育て、子供が泣き出すと、女のくれた玉をなめさせた。

このうわさは町中に広まり、島原の殿さまの耳にも入った。殿さまは家来にその玉を持ってくるように命じた。

杏庵の家にやって来た家来は、

「殿の言いつけだ。玉をよこせ」

と、きつく言った。杏庵は、

「これは子供を育てる玉だからことわる」

と言ったが聞き入れられず、家来たちは無理やり玉を奪ってしまった。

子供が泣き出しても玉がない。杏庵は子供を連れて山の池へ行った。

「おーい、わしじゃ。出て来てくれー」

池の水面が渦巻いて水柱が立った。その水柱の中から女があらわれた。杏庵は言った。

「大事な玉を殿さまに奪われてしまった。この子が泣きやまないで困っている。もう一つ玉をくれんか」

「そうですか。大切な玉ですが仕方ありません」

女は、前のと同じ色をしたきれいな玉を杏庵に渡した。子供はこの玉を喜んでなめた。

家に戻った杏庵は、子供が泣き出すと玉を与えて暮らしていた。

そのうわさが、また殿さまの耳に届いた。殿さまは、

「なに、この玉がもう一つあるのか。さっそくここへ持ってまいれ」

と、ふたたび家来に命じた。

家来は杏庵の家に行き、子供のなめていた玉を奪った。子供は火がついたように泣き出した。杏庵はまた子供を抱いて、女の住む山の池へ行った。

「おーい、わしじゃ、杏庵じゃ。出て来てくれー」

池の中から水柱があがり、女が出て来た。

「どうしたのです。この間、玉を差しあげたはずですが」

「じつは、あの玉も殿さまの家来にとられてしもうた」

それを聞いた女は、悲しげな顔になってスーッと池の中に消えた。間もなく、ザザーッと水しぶきがあがり、両目のない大きな蛇が姿をあらわした。

「あの玉は私のなによりも大切な目玉なのです。乳のかわりに我が子に与えたのに、殿さまは二つとも取ってしまった。私はもう我が子の顔さえ見ることができないのです。もう許せない。明日の夕方、眉《び》山を崩します。それまでに七里（約二八キロメートル）先まで子供といっしょに逃げてください」

蛇は池の中にザブンと入っていった。杏庵は子供を抱いて、急いで山を駆けおりた。そしてようやく、翌日の夕方までには七里先まで逃げのびた。

寛政四年（一七九二）四月一日の酉《とり》の刻（午後六時）、島原地方を大地震が襲った。大地鳴動、瞬時にして眉山の三分の一が崩壊した。土砂は島原城下に流れ込み、島原湾に流れ落ちた。

島原城主はこの時、いち早く守山《もりやま》に逃げ、難をのがれた。それだけではなく、城の大手門を閉ざし、避難する住民を城内に入れなかった。そのため多くの人々が、地震のために起きた大津波にさらわれ、命を落とした。城主はのちに、この責任を問われ自刃したという。

この「島原の大地震と蛇」については異伝が多い。次に別伝を記す。

ある時、島原の殿さまが雲仙《うんぜん》岳のふもとで狩りをした。たいした獲物もなく帰ろうとすると、家来が笹やぶにいる二匹の大蛇を見つけた。一匹は弓で射止めたが、もう一匹は逃げた。

翌日から、どこの村でも畑が荒らされる。何者の仕業かわからない。村々で相談の結果、殿さまに山狩りの許可を申し出た。山狩りの許可がおりると、村々では総出で山に入った。

村人たちは、何日かのち、一匹の大蛇を見つけた。

「畑を荒らしたのはこいつだ」

と、みんなで大蛇に殴りかかった。大蛇は傷を負ったものの、村人たちからのがれ、林の中へ姿をくらました。

その頃、島原城下に杏庵という医者がいた。ある夜、一人の女が杏庵を訪れ、

「手の傷を治してくだされ」

と言った。杏庵は手当てをした。女は毎日、夜になると通ってきた。杏庵は怪しんだ。このあたりでは見かけぬ女であった。やがて傷は癒《い》えた。女はこう言った。

「治療代を払うことができないので、私の秘密を教えます。じつは私は雲仙岳の大蛇です。夫が殺されたので、その恨みを晴らすため、近々この島原に大地震を起こします。私の言うことを信じて早く島原を去ってください」

　杏庵は女の言うことを信じ、一時、島原を離れた。寛政四年四月一日、島原に大地震が起こり、城下では多くの死傷者を出した。避難した杏庵は無事であったという。

「島原の大地震と蛇」の伝説は、島原半島はもとより九州一帯の沿岸部、および瀬戸内海岸にまで伝わっている。漁師たちが島原の不思議な出来事を伝え歩いたのであろう。

（―長崎県―　大島広志編『ふるさとの伝説㈨』）

大潮がぬけるぞォ

一

安政元年（一八五四）十一月の何日かにゆれはじめた大地震は、翌二年の春も稲のうら、うらがゆれやまぬほどに恐ろしいづくめの月日がつづいたということでございますが、最初の大地震があって四五日たって家へ帰って一応落ちついた一晩、突然、「大潮ぞォ」と呼ぶ大きな声が村中にひびきわたり、声におどろいたみんながいっせいに松明をささげて裏の山へ上ったともうします。私の祖母などは水盃をかわし、髪を結いなおし、着がえをして、二度と生きて戻らぬ覚悟で泣きながら家を出たということでございます。妊娠している女を馬に乗せて上っている中に、産気づいて困ったなどという笑い話も今にのこっております。

斗賀野《とがの》村（現・高知県高岡郡）の虚空蔵山も越智の御嶽山も明治村の片岡も加茂村の方も、見渡すかぎり松明の火で夜空を染めていたと申します。

幸いに大潮も来ず、翌朝みんな家に帰ることが出来たと申しますが、同じ時刻に同じ声を村民一同がいっせいに聞いたので、これはきっと氏神様のお声であったろうと、今に申し伝えていることでございます。

［昭和十二年十月採集　高知県高岡郡黒岩村　岡林某・六十二才の話］

二

わたしの母が十二三ばァの時であったと聞いておりますが、大地震がゆれて、紙漉きの槽の水がづんづく土間へ流れるばァ、ひどいことがあったと申します。

その時は、村中が山へ逃げたと申しますが、その中に地震が小休みになり、みんな家に戻ってほっとしていると、十三日ほどしてからの真夜中に、「大潮がぬけるぞォ、山へ逃げェ」と大声で村中いっぱいに呼ぶものがあり、村人みんなのこらず松明をあかして山へ逃げ、その火が山いっぱいになる位じゃったと申します。

けれども何のこともなく夜が明けて、みんな家へ戻ってきたと申しますが、その「大潮がぬけるぞォ」の声は誰がいうたとも判らず、とても広い区域に聞えたというので、今に不思議なことじゃったというて、年寄たちが伝え聞いております。

〔昭和十七年三月採集　吾川郡横畠村出身　吉本やすさん・七十才の話〕

この二つの話は、いずれも同じ安政元年十一月の地震に関する伝承と考えることが出来るが、村人が同時に超人的な同じ声を聞いたということを今にして考察すれば、一人がこうした場合に不安の兆を感受して、その危険を近隣に呼ばわれば、激震あるいは余震の絶え間なく継続している最中の動揺しやすい人心を刺戟して、それがいっせいにあがる叫号にかわり、そのひびき渡るこだまは瞬時にして谷から谷へ、村から村へと伝播していったであろうことは、昭和二十一年（一九四六）十二月二十一日未明に起った南海大地震の経験でも想像出来ることである。

そして、鳴動とも人声とも区別のつかないひびきの、暗夜のしじまに突如として起った時、それを「大潮がぬけるぞゥ」の声に聞き、後で神の声と感得したというのは、昔の人の卜占の心と兆を知ろうとする心の一端を知る上にも興味深いことのように思われ、また一つの奇談ともいうべきである。

（―高知県―　桂井和雄『土佐の笑話と奇談』）

チョウチカ、チョウチカ

沖縄県の浦添《うらぞえ》から首里に行く途中の丘にも、妖怪が出て人々を困らせていた。日秀上人*は、その丘の上には、金剛経を書いた石を埋めた。すると、その丘からは妖怪は退散し、人々が安心して交通できるようになった。この丘は、お経を埋めた丘なので、人々から経塚《ちようちか》と呼ばれるようになった。

ある時、旅人がその経塚の丘で昼寝をしていると、近くの村人が大騒ぎをしているので目がさめた。火事があったわけでもなければ、妖怪が出たわけでもない。そこで、旅人が村人にわけを聞くと、

「今大地震があったが、知らなかったのか」と、かえって不思議そうに聞かれた。それで、

旅人は近くの村がすべて大地震で揺れたのに、経塚だけは、お経の力で揺れなかったことを知った。沖縄では、今でも地震のときには、「チョウチカ、チョウチカ」と唱える。

＊日秀《にっしゅう》（一五〇三〜一五七七）は室町時代の真言宗の僧。紀伊・那智から補陀落渡海《ほだらくとかい》を行うが、琉球王国・金武に漂着、真言宗と熊野信仰を広めたという。

（―沖縄県―　野村純一編『ふるさとの伝説⑥』）

大地震を知らせた仁王様

寺町[*1]さ、龍厳寺《りゅうごんじ》[*2]でぅ真言宗の寺ありますもののぅ。その前さ、仁王様あるんです。あれ、昔、私方《わだしがた》、地震っても分がらぇんですども、明治二十七年の酒田大地震[*3]の来る前に、仁王様が、南さ向がってだなが、西さ向いだわげです。

「おがしちゃ、おがしちゃ」

どんで、皆してなおしたんでしょ。

「誰いたずらしたおんだが」

って、なおしたわげです。

すっど、まだ次の日なっど、まだこっちゃ向いでるって。

「不思議だちゃ、不思議だちゃ」

って言ったら、間もなく大地震だけでぅごどだのぅ。

地震で、あすこ崩《くず》れねぇもんだがら、地震の前兆でぅもんだが、仁王様が向ごう向いだけでぅ、昔からの言い伝え、私方聞いっだもんです。

（―山形県―　阿彦周宜編『庄内・酒田の世間話―佐藤公太郎の語り―』）

＊1　山形県酒田市街、旧寺町で現中央東町、中央西町、寿町と改称された。この一画には、約十の寺がある。

＊2　酒田市街、中央東町にある真言宗の寺。酒田山の山号を持ち、かつては庄内地方の寺院の談義所でもあった。

＊3　明治二十七（一八九四）年十月二十二日の庄内地震のこと。震源は現在の酒田市の中心部で、大火災も発生した。全壊家屋三千八百五十八戸、焼失家屋二千百四十八戸、死者七百二十六人という惨状であった。［編集部注］

関東大震災と大蛇

檜原《ひのはら》（東京都）の北谷の一番奥の茗荷平集落のさらに奥に、雨乞い滝という滝がある。その滝の下に畳二畳くらいの大きな岩があって、あるとき、そこで村の女の人が死んだ。すると、その岩にすんでいた蛇がその女の魂を借りてどんどん大きくなって、離れていてもヒューヒューいういびきが聞こえるほどだった。それで峠の向こうの小河内《おごうち》にすむ霊能者のおばあさんに来て見てもらったところ、大蛇はこういったんだって。

「わしは滝の下で死んだ女の魂を借りて大きくなって、体は醬油樽くらい太くて、長さは大人の手で三十三尋（約六〇メートル）ある。目は三匹獅子の目くらい大きい。でも、何にも悪いことはしないから、大きくなったわしを見に来てほしい。もうすぐ大正十二年（一九二三）の荒れ事（関東大震災のこと）がくるから、その時になればここから出ていくから、その前に見にきてほしい」と。

父親が十八か十九のときだった。怖いもの知らずとして知られた男だったが、このときは怖くて近づけなかったそうだ。見に行けばよかった、とずっと後悔していたよ。

それで、大正十二年の荒れ事がきたとき、このあたりは来る日も来る日も雨が降って、雨と地震で山がくみ出して（山崩れ）、そのときに大蛇はここから出ていったんだって。

雨乞い滝より下にあるカブヤ沢（月夜見沢）にももう一頭、大蛇がいて、

「おーい、早く出てこいよう」

「いま、檜の枝に引っかかって行けないよう。もう少し水を溜めたら出るからよう」

と、二頭の大蛇は声を掛け合って、川に横になって水を溜めては水の勢いで川を下り、また水を溜めて川を下ってと、とうとう海まで出ていったんだって。

このあたりの大蛇は、この大正十二年の荒れ事のときにみんな出ていって、それから大蛇はいなくなった。

［倉掛　藤原ツヂ子〈大正十二年生〉茗荷平出身の父から聞いた話］

（―東京都―　高津美保子「東京都檜原村の災害伝承」『語りの世界』69号所収）

タコは人を食う

一九九三年七月十二日の北海道南西沖地震のあと、道南西部の人々はピタッとタコを食べなくなったんだって。

というのは、四十年ぐらい前、青函連絡船「洞爺丸」が嵐の中を出航して、転覆、千人近い人が死んだという事故があったでしょ。そのあと、漁師が網をいれたところ、かかったタコの腹の中から人間の髪の毛が出たんだって。

だから「タコは人間の死体を食うんだ」ということで、今回も地震の津波で多数の人が流されたことから、時間をおいてもその記憶がよみがえったわけ。だから、地元の人はタコを口にしないってことで、今あっちでタコを食べてるのは旅行者だけだとか。

［一九九三年七月二十二日、東京都新宿区の飲み屋にて大島広志が北海道で聞いたハナシを語り、渡辺節子が記録］

（―北海道―　池田香代子・大島広志・高津美保子・常光徹・渡辺節子編『ピアスの白い糸　日本の現代伝説』）

世界はアメマスの上につくられた

国造神《コタンカラカムイ》が天から世界を創るのにおりてきた。

「さてさて、どこさ陸をつくるべ」

どっちをみてもどろどろの泥海で、手のつけられそうもない。こまったわいとあっちこっち歩いて探してたら、あった、あった。

「ここならよいわい」

独り言を言いながら島つくりをはじめた。島ができあがったので、国造神は、さっさと天に帰ってしまった。ところが、たいへんな失敗をやらかしていたのだ。国造神が泥海の中のかたいところだと思って島をつくったところは、実は大きな大きなアメマス*の背中の上だった。

アメマスがうっかり睡っているうちに、どっしりと島を背負わせられてしまったのだ。アメマスはすっかりおこって、大あばれをやるので、地震《シリシモイ》が起こった。

国造神も失敗したのに、すっかりこまってしまって、アメマスを押えるために二柱の神さまを地上におろした。そしてアメマスの右と左とに置いて魚があばれないように押さえさした。ところが神様のほうも、魚を押さえてばかりいるので、腹へってやりきれない。

「おい相棒、ちょっと押さえていてくれ、俺まんま食うから」

一方が食事をしていると、その隙をみてアメマスがガバガバとあばれる。そうすると地震になる。それで神様は腹へったときも片手で魚を押さえつけて、泥だらけの片手で食べ物を口に運ぶよりない。でもそんなときを狙ってはアメマスがあばれる。それでこの世からはなかなか地震がなくならないのだ。

こいつがまたときどき海の水を呑んだり、吐きだしたりする。海の水が干潮になるのはアメマス奴《め》が大口あけて水を呑むからで、満潮になるのは水を吐き出したときだ。身体の具合がよくなくて、機嫌が悪いと、ガップリと大口をあけて水を呑んで、ゲーッと吐きだしたりすると大変だ、大津波が起きて部落《コタン》でも何でもさらって行ってしまう。
それでアメマスのことをモシリエッケウチェプ（島の腰骨の魚）というのだ。

［北海道　日高二風谷・二谷ニスク　レックル老伝承］

＊アメマスはサケ科イワナ属の魚で、体長一四～七〇㎝、北海道全域から日本海側では山形県、太平洋側では千葉県まで生息。

（―北海道―　更科源蔵『アイヌ民話集』）

山をひっこ抜いた魚

昔々、あんまり昔で、誰も数えきれないくらいの昔だ。

ずっと北の方の、夜と昼の境のあたりに大きな沼があって、そこに大きなアメマスが住んでいた。その大きいこと大きいこと、沼いっぱいになるほど大きいアメマスで、頭が沼のかみてに岩のように出ているのに、尻尾は沼のしもでざわざわと波をたて、腹の鰭《ひれ》が沼底の石にすれているのに、背鰭が船の帆の何十倍ものように水の上につきでていた。

アイヌたちが沼に魚を獲りに行ったり、沼を渡ろうとすると、ガボッと音がしたと思うと、人間も舟もひと呑みにされてしまう。おそろしいので舟の底を黒く焼いて、それでこっそり渡ると、アメマスは雲の影が水にうつっていると思ってぼんやりしている。

天の神様たちも心配して、なんとかこの大アメマスを退治をして、人間が安心して住めるようにしたいと、いろいろ出かけてみるが、どれもこれも、大アメマスの尻尾ではねとばされたり、鰓蓋《えらぶた》の間にはさまれたりして、骨を折られたり殺されたりして、その屍骸《しがい》が沼の岸に流木のように寄りあがっている。

天上からそれを見ていた神様は大変心配して、

「このままでは神様までが皆死んでしまって、世界を守ることができなくなる。何とかしなければならないが、さてどうしたことか」

いろいろと考えた末に、人間の中で一番力と知恵のある、オタスッウンクルより他にないと思い、夢でオタスッウンクルに知らせた。

英雄オタスッウンクルはさっそく身仕度をして、銛《もり》を持ち、雲にかくれた六つの山を越し、氷の流れる六つの川を渡り、海のような笹原を過ぎてアメマスのいる沼に出かけた。見ると気味悪い沼の底に、満月のように光るものが見える。それがアメマスの目玉だとわかったオタスッウンクルは、銛を投げつけた。あたりは急に大あらしになった。

アメマスがあばれると、さすがのオタスッウンクルもずるずると沼の中に曳きずり込まれ、オタスッウンクルがぐっと腰をすえて、足に力を入れると、弓なりになったアメマスが岸に引きよせられる。

　こうして夏冬六年も闘かって、とうとうアメマスが弱ったので、銛の綱を傍の小山にしばりつけ、やれやれとオタスッウンクルがひと休みしていると、最後の力をこめてアメマスがあばれたので、山がガバガバと沼の中に曳きずり込まれてしまい、弱ったアメマスは、その山の下になって動かれなくなった。今でも時々地震のあるのは、アメマスがまだ死にきらずにあばれるからかもしれない。

〔北海道釧路屈斜路・弟子オコイマ老伝承〕

（──北海道──　更科源蔵『アイヌ民話集』）

地震をひきおこすという大鯰を懲らしめる鯰絵。安政2年（1855）の地震直後の瓦版（東京大学総合図書館所蔵「石本コレクション」）

【津波】

山崎美成（1796-1856）による『大地震暦年考』（安政3年〈1856〉）より「海浜供浪うちあげ図」。

アイヌの津波

染退川の津波

染退川《しゃべちゃりがわ》*筋目名《めな》部落の川向にサッウンコタンというところがある。

ある晴れ渡った朝、サッウンコタンの人が外へ出てみると、空が晴れ渡っているのに急に雨が降って来たので、不思議に思って雨を舐《な》めてみたところ塩辛かった。驚いて川に行ってみると、川の水は流れなくなり魚の姿もない。気がついてみるとあたりには鳥影もなくなっているので、ますます驚いて川口の方を見ると海面には黒雲がたち、浪頭が激しく牙をむき真白に泡立っているので津波の来ることを知り、部落中に知らせた。

老人達は、津波の神様は濁酒の粕が嫌いであるという言伝を思い出し、女達に言いつけて部落の周囲に濁酒の粕を撒かして神様に祈っていると、物凄く泡立ちながら押し寄せて来た波はこの部落のところだけ避けて通り、七里も奥の染退川の支流のメナシベッ川のイタホラキというところまで、沖にあった弁才《べざい》船を押し上げてこなごなに難破さし、染退川のもう一方の支流シュムベッ川にそそいでいるイッケウナイという小川の奥にある山には、鯨の腰骨の骨がひっかかったという。

メナシベッ川のイタホラキという地名は弁才船の難破したという意味で、メナシベッ川のイッケウナイとは腰骨の川という意味であり、どれもこの津波の時の出来事から生まれた地名であるという。川口にあるサッウンコタンも乾いた村という意味で、他の土地が全部津波にさらわれてしまったのに、ここだけは濁酒の粕のおかげで津波の害からのがれ乾いていたのでそう名付けられたという。

［北海道庁編「北海道の口碑伝説」］

＊染退川は静内川《しずないがわ》の旧名。北海道日高山脈に源を発し、太平洋にそそぐ二級河川。

三石の津波

昔津波があったとき、三石《みついし》アイヌ（北海道日高郡新ひだか町）はサマンベ山*に逃げ、幌毛部落の者はサマッケ山*に逃げた。

高いサマッケ山に逃げた幌毛部落の者は、水が三石の連中を呑むのを見て、「あんな低いところさ逃げて、サマンベ（鰈《かれい》）みたいにバタバタしている」と笑ったので、天上を支流する神はそれをきいて、蒲莚を何枚も敷いたような大きな鰈を水の中に浮きあがらせて三石の人々を助け、波をサマッケ山の方に押してやったので、幌毛部落の連中は見る見る波にさらわれてしまった。

三石川の西の方にあるのが西のサマンベ山、東のが東のサマンベ山といい、徳畑部落の神《カムイノカ》の型という鯨の形をし、山はそのときあがった鯨だ。

［三石町幌毛　幌村トンパク老伝］

＊サマンベ山は社万部山、二〇二m、サマッケ山は三石川を挟んで東の標高一五〇〜一六〇mの山のこと。（高清水康博「北海道における津波に関するアイヌの口碑伝説と記録」）

荻伏*の津波

浦河町（北海道浦河郡）姉茶《あねちゃ》の野深の川べりにあるポロイワとハライエチキキというところに、昔それぞれの部落があって、或る時津波がこの地方を襲ったとき、高いポロイワの上にいた人達は安心して、

「団子をたいた汁のドロドロしたのをまけたように、ハライエチキキの連中が流れて行くわい」

と笑って見ていたら、急に津波はその笑っていたポロイワの上の人々をさらって海に流し、ハライエチキキの人達が助かった。そのときの津波であげられた鯨の骨が、今もポロイワにひっかかっているということである。

［浦河町姉茶　浦川兼太郎老伝］

（―北海道―　更科源蔵『アイヌ伝説集』）

＊北海道浦河郡浦河町の地名。

沖縄の津波

怪魚の話

昔、美里間切《ンジャトマジリ》（現・沖縄市）古謝村《クジャー》に一人の塩焚きがあった。

ある日海に出て海水を汲んでいると、一尾の魚が浮きつ沈みつしている。彼は何気なくこれを捕えて帰り、ザルに入れて軒にかけておいた。すると不思議なことにはそのザルの中から、微かに「一波寄するか、二波よするか、三波よするか」という声が聞こえて来る。

塩焚きは不思議に思い中をのぞいて見たが、さきに捕った魚で外に何もない。彼はますます怪しく思い、こんな魚を食っては大変だと考え、これを放してやろうと思って家《うち》を出た。

しかるに彼は途中で、知人なる一人の無頼漢に出会《でくわ》した。どこへ行くのかと聞かれたので、くだんの話をすっかりしてやった。男は聞いて手をたたいて笑った、

「馬鹿な、そんな馬鹿なことがあるものか、棄てるくらいならその魚を私にください」

といった。塩焚きはそれではといって、その魚をやって帰った。

この男は甘い御馳走にありついたといそいそと家《うち》に帰り、料理して食べようとした。ちょうどその時、たちまち大津波がやって来た。近隣の人畜を残らずことごとく押し流してしまった。

（――沖縄県――　佐喜真興英『南島説話』）

ヨナタマ（ジュゴン）

昔、この島（沖縄県宮古市伊良部《いらぶ》・下地島）に村があったころの話である。

ある男が一日漁に出て、ヨナタマという魚を釣って帰った。この魚は人面魚体の人魚で、よくものを言うといわれていた。漁夫が思うには、こんな珍しいものを自分だけで食べるのは惜しい。明日友達に見せてみんなで賞味することにしよう、といって炭火をおこし、

魚あぶり器にのせて干した。

その夜、村人が寝静まってから、漁夫の隣家の子供がにわかに大きく泣きだして、「伊良部へ行こう、伊良部へ行こう」と言う。夜中のことだから、その母がいろいろ話して、これをすかすけれども止まらない。ますますせがんで、大きく泣き叫ぶばかりである。母も手の付けようがなく子を抱いて外へ出たが、子供は何かにおびえたように、ひしと母に抱きついて体を震わしている。どうしたことだろう、と母も不思議な思いをしていると、はるか彼方の海の方から大きな声で、

「ヨナタマ！　ヨナタマ！　なんで帰りが遅いんだよ！」

と呼びかける声。すると隣家で魚あぶり器に干されているヨナタマが、

「おれは今、あぶり器にのせられてあぶり殺されようとしているぞ。早くサイ（潮）をやって迎えてくれー」と、助けを求める声がした。

ヨナタマはものいう魚であるといわれていたが、この夜中の魚の問答を聞いた母子は、身の毛がよだって大急ぎで伊良部の村へ渡った。伊良部の知るべ（親類）を起こすと、人々が怪しんで、「なんでこんな夜中に来たんだ」と尋ねた。母は実はこうこうだよといって、

ヨナタマの問答のことを話した。
母子が伊良部にたどり着いて話していると、大津波が下地島を襲って、村はすっかり流失し全滅してしまった。それっきり、この島には村建てが見られなくなった。
ものいう魚、津波襲来を予知する幼児、いろいろと興味ある伝説である。［宮古島旧記］
（―沖縄県― 源武雄『沖縄の伝説』）

津波と人魚

むかし、石垣島の白保《しらほ》の村に、だれもいない野原《のばる》というところに、村八分にされて一人で住んでいる若者がいたんだと。

ある日、漁をしようと浜に出て、海に網はって引き上げたところ、大物がかかっている。見たら、人魚が泣いているんだって。そして、人魚がいうには、

「わたしを許して、海に放してくれれば、そのかわりあんたにいいことを言おう。私のいうとおりに聞きなさい」

って。若者は人魚を放してやった。

「いついつの朝、津波がくるから、高い所に逃げなさい」

と、人魚は言って海に消えた。

人魚のはなしを聞いた若者は、「自分ひとりだけ助かってはいけない」と、白保の村に行って、

「いついつ津波がくるから、高い所に逃げなさい」

って伝えたんだと。

ところが村人は、村八分の若者のはなしに耳をかたむけなかったんだと。
二、三日したら、潮がぱあっと引いてしまって、東の海岸がからからになり、岩場には魚がポトポト、ポトポト跳ねている。村じゅうが喜んでエビやタコをとり、魚をとった。
その晩、魚をごちそうになって眠ったところが、翌朝、ざあっと波があがってきたんだって。そのとき村には千人あまりの人がいたが、たった二十八名しか生き残らなかった。

人魚の言うことを信じた人は助かったんだと。


（―沖縄県―　米屋陽一責任編集『おかつ新三郎ふたりがたり』）

津波の足跡

入谷《いりや》ん（宮城県本吉郡南三陸町入谷）中には、「おおむかし、ここまで津波が来たんだと」って言い伝えが、地名になって残ってるとこ、いくつもあんだね。

残谷《のこりや》のとこにしゃ、「よらさ」って言《ゆ》ってるとこあんだが、もと「ゆりあげ沢」でね。津波がここまで揺り上げたけっど、その先の峠は越えかねたんだね。ほんで、そこは「よらさ」、峠は「越えず峠」って言《ゆ》うのね。そって、越えず峠を津波が越えかねたために、その向こうにみな逃げ込んで助かった。だからそこは、「のこりや」って名前付いたんだと。

中の町の「よっぱさ」も、そこまで津波が寄ったけっど、それより奥に行きかねたから、「寄波沢《よっぱさ》」。「さ」っつのは沢のことっしゃ。

あと岩沢《いわざ》の「ふなくぼ」も、「ふながわら」も、津波で船が寄ってきて溜まったところだっつの。大船《おおぶね》だって、津波のとき、大《おっ》きな船、そこまで波と一緒に入《へぇ》ってきたから「おおぶね」って言《ゆ》うんだと。

この津波ってのが海の津波なもんだか、山津波なんだか、分がんねぇがね。山津波であれば、そうゆうの、なんぼあったか知れねぇべね。どっちにしろ、津波の足跡だぉね、地名に残って伝わった。ほんだから、どんな小《ちっ》ちゃこい地名だっても、かならずなにかかにか、意味だの由来だの持ってんで。なんでもないことで名ぁ付けたとこ、一つもねぇんだぉね。

(―宮城県― 小田嶋利江編『南三陸町入谷の伝承―山内郁翁のむかしかたり―』)

末の松山に絡む伝説

多賀城（宮城県多賀城市）の盛衰を極めた頃よりもっと前の頃であろうか、下《しも》千軒、上《かみ》千軒とて随分と賑やかに栄えた時があった（方八丁もその頃栄えた一囲だという）。

その頃、その地に住む猩々《しょうじょう》が鏡が池の傍にある酒屋に毎夕酒飲みに来たものだ。酒屋には、小佐治という田舎に稀な綺麗な娘がおった。小佐治はいつも鏡が池に姿をうつして化粧したという。猩々は小佐治に通うのだった。何時かこの事が村の若者達の知るところとなって、ついには猩々を半殺しにしてやろうと謀った。

或日、例の如く酒飲みに来た猩々へ、小佐治がこんな陰謀がある事を告げた。猩々は小佐治の好意を感謝しつつ、某月某日には必ず海嘯《つなみ》があるから、そなたは末の松山へ避難するように。もし万一、私が若者等に折檻されたら、あの池に入れてくれといって別れた。待ち伏せしていた若者等は、猩々を酷い目に合せて、ついに殺してしまった。小佐治は言葉の通り、これを池に沈めた。猩々が池と今も呼んでいる。

程経てその日が来たので、小佐治は疑いながらも末の松山に登って、待つ間もなく大音響とともに大海濤が押し寄せて来た。この時下千軒、上千軒は皆流されてしまい、附近一帯は水災を被った。只一人、小佐治は末の松山に残った。末の松山は波が越さなかった。「末の松山波こさじ」とはこの意をいうのだと。この海濤は猩々が起したものといっている。

［砂金辰雄］

（—宮城県—　山本金次郎『郷土の伝承』）

稲むらの火

むかーし、有田の広村《ひろむろ》（現・和歌山県有田郡広川町）に浜口儀兵衛さんという人あっての。

あるときのことよ。秋の刈り入れも終わって、みな祭りで忙しくしてる時分に、大きな大きな地震あったんやと。それでも、まあたいしたこともなくて、気づかいなかった、みな助かったって、喜んでた。

そのあくる日に、また、大きな揺れあったんやと。地震というのはな、揺り返しがあるさかい、気をつけなあかんのや。それでな、これもなんとか無事で、みなで片づけして、あくる日は祭りやさかい、忙しく支度したんやと。

儀兵衛さんも、村の様子見に行こうと思って、うちを出て、なにげなく浜の方見たんやて。そしたら、海の底が見えるほど、波が沖へ沖へぐんぐんぐんぐん引いていくんやと。そうして、沖の方はまっ黒になってたんで、こらあかん、大きな津波くるって、思ったんやと。

「津波くるぞー、高い所へあがれよー」

て、大声で叫んだけど、みな祭りの支度でうかれてて、聞こえんのや。儀兵衛さんは、これはあかん、と思ったんよ。そのうち、だんだん日もくれて、あたりは暗くなってきた。それで、あわてて家に戻って、松明《たいまつ》とってきて、それで、刈り入れの終わった稲わらに、火をつけて回ったんやと。稲むらは、田んぼのあっちこっちにぎょうさんあって、それに、よく乾いてたんで、ぱちぱちとはぜて、火は勢いよく燃えあがったって。祭りで浮かれていた村の者も、これには気がついて、何事やと、あわてて消しに行こうとしたんやと。

儀兵衛さんは、

「消さんでもええ」って。

「ほれ、見てみ、大きな津波くるさかいに、早よ高いとこ、上がれ」

もう、すぐうしろに黒い黒い津波が迫ってきてた。みな「高いとこ、高いとこ」って、その稲むらの火の明かり頼りに、高い所へ早よ早よ上がってな、逃げたんやと。そのおかげで、大きな津波きたんやけどな、広の村では、だれ一人命なくすこともなくて、無事助かったんやと。

それでもな、津波で、家から田畑から、みなのまれてしもうたやろ。このままやったら、暮らしは立ちいかんいうて、みな村を棄てて、出て行こうとしたんやと。

そこで、儀兵衛さんは、

「こらあかん、このままやったら、村がなくなってしまう」

って、大きな借金をして、そのお金で村の人をやとって、堤防をこしらえることにしたんやと。それで、田んぼも畑も流されたけど、その堤防の工事のおかげで、村の者はみな村に残ることができたんや。儀兵衛さんのこしらえたりっぱな堤防は、その後もずっと、この広の村を守ったんやと。

儀兵衛さんは、後に、濱口梧陵《はまぐちごりょう》という立派な人になっだけど、今でも、生き神様って呼ばれてるんやと。

［矢部敦子］

——濱口梧陵の功績——

一九三七年から一九四七年までの十年間、国定教科書に取り上げられ、津波防災教育の手本としていまも語り継がれる話です。国定教科書の作品では庄屋の五兵衛さんが迫ってくる津波に気がついて、自分の家の収穫して干してあった稲むらに火を放ち、人々を救った話になっていますが、実在の事業家の濱口儀兵衛がモデルとなった話です。

江戸の末期、一八五四年の安政南海地震のときに、紀州和歌山藩広村（現在の和歌山県有田郡広川町）で津波の第一波のあとに、夕暮れに下の村に取り残された人びとの逃げ道を照らすために稲むらに火をつけさせたという実話にもとづいています。主人公の名前を国定教科書で五兵衛としたのは、これより先に書かれたラフカディオ・ハーンの短編小説「生神様」によるようです。

矢部敦子さんの話は、国定教科書によるものではなく、和歌山で語り伝えられてきた話ですが、第一波の前の引き波に驚いて稲むらに火を放つ部分は国定教科書に近いようです。和歌山での儀兵衛氏の功績は、稲むらを燃やして人びとの命を救ったこと以上に、その後に巨額の私財を投じて大堤防を作らせ、それによって人びとに堤防工事という仕事をつくりだして村人の離散を防ぎ、出来上がった大堤防でその後の津波から町を守ったことにあるようです。

濱口儀兵衛（後に梧陵《ごりょう》）は、一八二〇（文政三）年、紀州広村で生まれ、下総（千葉県）の銚子で醤油醸造業を営んでいましたが、たまたま故郷に帰ったときにこの大地震にあいました。津波の時に村人を救ったその功績は今も語り継がれていて、広川町には、二〇〇七年に建てられた「稲むらの火の館（濱口梧陵記念館と津波防災教育センター）」があります。

〔高津美保子〕

（―和歌山県―　高津美保子責任編集『矢部敦子の語り』）

大津波の話

昔は、なあしぢゃつろう（なぜであったろう）、太《ふと》い時化《しけ》がたいて再々あったそうな。このへん（高知県土佐清水市）は台風銀座といわれるくらいで、昔も今も、これにはほとほと困っちょるが、今日はそれはおいて、大地震大津波が来たとの言い伝えがわしらんくのあたりにゃ、あしここに（あちらこちらに）たいて（ずいぶん）残っておるが、大けな話の順に二、三拾い上げて話いて（話して）みようか。

海から一里近うもありゃせんかと思う、ここらの山じゃ一番高い、今の山続きの小山じゃが、皿《さら》が塔《とう》という小山がある。高さが八十メートルとか百二十メートルとかあるというが、いつごろか知らんが、とにかく昔、大津波が来て、奈呂《なろ》[*1]という奈呂は一面に波の底に沈んで、その百二十メートルとかの小山の頂が皿の丸さばあしか（丸さばかりしか）、波から出ちょらんかったということで、その山を皿《さら》が塔《とう》という名前として残し伝えられちょるのじゃそうな。

二番目に大きい津波の話は、いまは観光地となって知らん者はないと思うが、足摺《あしずり》国立公園の中の竜串《たつくし》見残《みのこ》し海中公園のなかにある。見残しとは千尋崎《ちひろざき》の突っ先のことじゃが、その千尋崎の一番高い山は、海から八十四メートルとかあるそうな。

昔、大津波が来て、地下《ぢげ》の人らがみな逃げ上がっちょったそうなが、その時の津波も太かったものよ、千尋の山も人家のある奈呂も、見渡す限りみな波の底に沈んで、八十四メートルとかの高い所だけがちょっぴり残っちょって、そのちょっと低いところに掘り窪んだような、窪地が今でもあるが、地下の人らはそこを手洗い場という地名で呼びよる。窪地じゃいうてもそんげな小山の頂じゃけん、水一つある所じゃないが、昔のその大津波の時、波が引き目立って、その窪地に溜っちょる潮水で、手や顔を洗うた所で、その時の恐ろしかったことを、記念に手洗い場という地名にして残し伝えちょるのじゃそうな。

それからいま一つは、三崎川という大川の奥で、ここは川に沿うた林道で測った距離じゃけん間違いない。ちょうど四キロメートルの所になるが、それは林道の起点からで、起点から海までがやっぱり二キロメートル近くはあるじゃろうけん、海からじゃったら六キロメートルもの山奥ということになるが、その谷川の淵に、赤ぼうとどろ、長持とどろ、という上下二つの淵がある。昔の大津波の時、赤ぼう[*2]という魚が津波に流されて来て、その淵の中で泳ぎよったということで、淵の名になって残っちょるがじゃそうな。

もう一つの淵は、おんなじ時の津波かどうかは知らんが、やっぱり昔の大津波の時、人家も何も流れてしもうて、長持が淵に浮いちょったということで、長持とどろという名になって伝わっちょるのじゃそうな。

昔の人は子孫に、そんげな災害を伝え残すために、特別な地名として残したのじゃろう。津波が山田の高い岸の所まで押し寄せて来た所じゃというて、潮止め、という地名になって残されちょる所もある。

＊1　集落の平坦なところ。

＊2　オコゼに似た赤色の魚、美味。

（―高知県―　山中正義『部落の世間ばなし』）

妻のたましい

むがす。

遠野の土淵《つちぶち》（岩手県遠野市）に福二《ふくじ》ず人いでな、この人の兄貴は、北川清っていって、土淵の助役をした人だったずす。お爺さんず人は、学者さんで、いろいろど本を書えで、村のためにつぐしたような人だったんだど。

この福二、歳ごろの若ぇ者になった時、海の近ぐの「田の浜」（岩手県下閉伊郡山田町）ずどごさ、婿《むこ》に行ったんだど。それがら、わらすにも何人が恵まれで、おだやがに暮らしていだったず。

とごろが、明治二十九年（一八九六）のごどだ、三陸大津波があったべ。福二の家は、海のそばだもんな。妻《がが》どわらすど、津波にさらわれですまったんだど。家も流されだず。福二、ががどわらすに死なれてすまって、われも後を追《ぼ》っかげで行きてうんたったずども、そうもしてられね。後さ残ったわらすも、ふたりいだったがら、流されだ屋敷後さ、ぺっこな小屋を建でで、父《とど》とわらすふたりど、どうやこうや暮らしていだったんだど。

そうやって、一年ばりたった、夏の初めのころだったず。

ある時、福二、夜中に便所さ起ぎだんだど。便所は外便所で、波のしぶきが、足元さかかるような海のそばを、歩いでいがねばねがったず。

その夜は、月ごど明るぐ照っていだったずども、霧のかがった夜だったずもな。福二、そごを歩いていでば、霧の中を、男と女子《おなご》の二人連れが歩いでいだったんだど。福二、ふたりを見て、「はっ」としたず。なんだが、その女子に見おぼえのあるような気してな。

そごで福二、そっこど二人の後をぼっかげで行ったず。そうやって、ずぅーと船越村（下閉伊郡山田町）の方までぼっかげでって、だんだんに、だんだんに近づいで、よーく見でば、間違いね、なんとその女子は、ががだったんだど。一年前に、津波にさらわれて死んだ、福二のががだったんだど。

福二、ががに死なれでがらどいうもの、恋しくて会いたくて、夢にまで出できたががが、今、目の前の、手の届くようなどございるわげだ。思わずががの名前を呼ばったず。

「キヨー!」

その声に、ががが、振り返って、福二の方を見て、にこっと笑って、言ったず。

「おら、今、この人ど、夫婦《めおど》になってらもの」

その男は、同じ村の男で、やはり一年前の、津波にさらわれで死んだ男だったず。だれが言ったわげでねぇ、うわさだったずども、その男は、福二が婿に入る前に、まだ娘っこだった福二のががど、互いに思いをよせあった仲の男だったず。

福二、気持ちおだやがでねじぇな、ががさ、

「お前、わらす、めんごぐ(可愛く)ねのが」

って言ってば、ががが、その言葉にさっと顔色《つらいろ》を変えで、ザメザメーと泣ぇだんだど。そのありさまは、死んだ人が泣ぇでるようでも、死んだ人がそございるようでもね、まるで現実の本当のごどのようで、福二、情げなくてせつなくて、がっくりと肩を落として足元

さ目やったんだと。

その間《ま》に、男と女子のふたり連れ、足早にそこを去って、ずうっと小浦《おうら》ずどごさ行ぐ方の山かげさ入って、めんなぐなったず。

福二、あわてでふたりをぼっかげだずもな。ほだども、なんぼが行ったどごで、ハッと、

「ああ、あのふたりは、死んだものだ」

って、気づいで、ぼっかげるのをやめだんだど。

それから、福二、すぐにはそごを動ぐ気になれなくて、ふたりがいなくなった方をながめながら、いろいろと考えごとをして、ずうっとそごさ立っていだったんだど。そして、夜が白々と明げできてがら、やっと家さ帰えったず。

その後、福二、具合悪《あんべ》ぐなって、すばらぐ病《や》んだんだどさ。


（―岩手県―　米屋陽一責任編集『大平悦子の遠野ものがたり』）

津波から守った鎮守さま

この前の大正六年（一九一七）の津波の時、猫実《ねこざね》、堀江[*1]では犠牲者が四十四人出たのよ、津波のために亡くなった人が。その当時はね、家屋もほんとのこと言《ゆ》ってね、貧弱なね、家屋だったけども。ま、だから、津波は葛西[*2]の方から砂町[*3]の方からずうっと、船橋では五十四人死んでんだから。だけど当代島《とうだいじま》[*4]にはそういうふうな犠牲者もなければ、流失家屋もなかった。

水は被ってね、相当にもう難渋したけども。わたしら小学校一年の時でわかんなかったけれども、結局、鎮守さまが守ってくれたんだと。うちの亡くなった安政六年（一八五九）に生まれた爺さんなんぞ、やっぱり鎮守さま、すぐそばだったから、

「なんだってな、鎮守さまのな、稲荷さまの狐、ずいぶん鳴いたっけぞ」

って。

「おらほのな、稲荷さまの狐はな、白狐だからな、コーンって鳴くだ。野狐ってのは、ギャーって鳴くだ」

って。

「それな、ずいぶんな、コーン、コーンってな、津波くん前にな、二、三日前から鳴いてたぞ」

って。

「なにかあんじゃねえかと思ってた」

ってこと、よく言ってたけどね。そのために、うちの方では人身的な犠牲は出なかったし、流失家屋も出なかったと。

今の、表の鳥居は、大正十年に、それから四年後にね、村の人たちが、立てたっていうのは、その時の鎮守さまの恩返しじゃねえかなあと、おいらの解釈ではね。

＊1　猫実、堀江＝千葉県浦安市。
＊2　葛西＝東京都江戸川区南部。
＊3　砂町＝東京都江東区東部。
＊4　当代島＝千葉県浦安市北部。

（―千葉県―　米屋陽一編『浦安の世間話―前田治郎助の語り―』）

瓜生島伝説

そのむかし、豊後湾（大分県別府湾）には瓜生島《うりうじま》（別名迹部《あとべ》島《じま》・沖の浜島）、大久光島、小久光島、東住吉島、松島などの島々が浮かんでいました。なかでも瓜生島は、東西三十六丁南北二十一丁あまりもあり、古代から栄えた古い島でした。彦火々出見尊《ひこほほでみのみこと》や鵜葺草《うがや》不合葺尊《ふきあえずのみこと》は、東上の際この瓜生島から舟出したと伝えられています。

室町時代になりますと、島は豊後一の貿易港として、各国からの入船でにぎわったと言われます。当時は十二ヵ村戸数千戸を数え、島長の館を中心に三条の大通りが走り、南を本町、中央部を東町、北を新町と称し、大分から瓜生島・久光島を通って別府へ抜ける交通路がひらけていました。

島長幸松勝忠《しまおささきまつ》は、たいへん信仰心の厚い人で、島には威徳寺、阿含寺、住吉神社、菅神社、蛭子《えびす》社などの寺社が立ち並んでいました。更に文禄四年（一五九五）には阿弥陀寺を建立することになり、南都の僧都行恵《そうずぎようけい》が、島へ勧進《かんじん》に参りました。

島には古老たちによって古くからの言い伝えが残っていました。それは、「瓜生島に住む人々は仲良くしなくてはならぬ。一人でも仲たがいをする者があれば、島じゅうの神仏の怒りに触れ、島は海中に沈んでしまう。そのあらわれとして、蛭子社の神将の顔が真赤になる」というのです。

文禄五年（一五九六）六月下旬のことです。島の南西端の申引村《さからすむら》に住む加藤良斎という医者が、

「そんな言い伝えなど気にすることはない。天変地異など実際に起こる筈がない。おれが試してやろう」

と、蛭子社に奉祀してある十二神将の顔を丹粉《にふん》で真赤に塗りつぶしてしまいました。

島の人々はそれを見て、

「たいへんなことをしてしまったものだ。何か異変が起こらねばよいが……」

と、気をもんでおりますと、果たしてその翌月（改元慶長元年六月）の始め、地震があり、続いて十六・十七日にも、日に数回地震がありました。

「まさしく神の怒りの前兆だ」

と、気の早い島民数十名は、荏隈《えのくま》（大分市永興《りょうご》）に逃《のが》れはじめました。

一と月たった閏《うるう》七月にも、四日・五日とたてつづけに地震が起こり、さらに十一日・十二日と続いて未刻《みのこく》（午後二時頃）になると、島は激しく揺れはじめ、高崎山・木棉山《ゆふさん》（由布岳）・御宝山（霊山《りょうぜん》）などの山々が一度に火を噴き、大きな石が空から降って来ました。

人々は、あわてふためき、島から逃れようと、荷物をまとめておりますと、申刻《さるのこく》（午後四時頃）になって一時静かになりました。

その時、白馬にまたがった一人の老人が、島じゅうに、

「瓜生島は、沈んでしまうぞ、一刻も速く避難せよ！」

と、大声で宣《ふ》れまわりました。

島の人々は、みなわれさきにと、舟に乗ったり、泳いだりして、府内（大分市）や日出《ひじ》

の町めざして逃げてゆきました。この老人は、神の化身だったと言われます。老人の予告どおり、一刻ほど後に大地震がおこり、ものすごい高潮が島を襲いました。

島長勝忠も、息子の信重を伴って小舟に乗り、生命からがら逃げのびました。しかし、海上は波が荒く、小舟は忽ち波にさらわれ、二人は海中に投げ出されました。

勝忠は、信重の手を固く握ったまま波にもまれていました。大量の水をのんだため、意識がもうろうとしています。その時、夢ともなくうつつともなく、大空から声がして、一本の竹が差し出されました。勝忠は、夢中でその竹にしがみつきましたが、それっきり波をかぶって気を失ってしまい、気がついた時には、二人とも加似倉山《かにくらやま》の麓にうちあげられていました。

一夜明けて、地変はおさまりましたが、海上には島影一つなくなっていました。瞬時のうちに沈下してしまったのです。

生き残ったものはわずかに七人、行方不明者は数知れず、溺死者は七百余人といわれます。

（―大分県―　土屋北彦「瓜生島伝説」『沈んだ島』）

年寄り婆さと津波

とんとんむがしがあったでのう。

それは、ずうっとずっと遠《とお》がい昔の話であったでがのう。ある村ね、言い伝えがあったでがのう。山の高いどごに立ってる石塔が一つあったでがのう。そこへ血がつぐど津波くるで、言い伝えがあったでがのう。したども、そごらは津波なんて、誰っても思いもよらねえどごであったでがのう。

そして、そごへ毎日毎日、一人の婆さが行ぐがったどさあ。どうが今日も無事でいでくればいいが、で、のぼって行っては、墓場のぐるわ、ずうっと回っては、

「今日も一づの血のしみもねえが、ほんね今日も無事だ」

で、そういうで帰ってくるんだったでがの。そうすっと、村の悪戯野郎めらが、さあ、ほんね、あの婆さ、まず何しに行ぐったどもで、聞いでってっと、

「こういうこど言うでったい。あの墓地の石塔に血つぐでっと、こごら津波になるど、とんでもねえこどいうでるもの、あるもんだ。ほんね、ひとづいだづらしてくろ」

で、そうして、そごらにいる兎を殺して、その血をそのまま、みんな、石塔のどご塗っておいだでがのう。

「あの婆さ、くっと、ほんねたまげるだい」

そうして隠れで見でだどさあ、したでば、やがて来たでが、

「やれやれ、大層や、たいそや」

で、のぼってきて、そこへつぐど、まだ、墓場ぐりっと回って、

「ああっ、たまげだ、たまげだ。これは大変だ。こんなこどしてどうなるろば、はあ大変だ、大変だ」

でで、転げるように坂おりっていったでんがのう。あどがら、うしろにいで、そんな悪戯野郎めら、手叩いで笑ろでいであったどさ。

そうして、村へ帰るど、

「これがら津波くるさがね、早よ逃げれ。早よ逃げれ」

でで、触れで歩いだども、誰っても本気にしながっだでがのう。

したども、年取った衆は〈そういう言い伝えあるが、本当だかも知れね〉でで、その石塔のあるどこへ、みんな集まってきたでがのう。

そうして、笑うでだ衆は、逃げながったでが。

それが、そんまい夜中過ぎるでっと、ドウドウドウドウドウで、なんか、唸り声が聞こえで、津波押しよせできたでがのう。

そうして、そんま、そごらの村は、もう、その山の上へ逃げだ衆は助かったども、里はみんな家も小屋も波にさらわってしもだったでがのう。

したさが、むがしの衆は、

「年寄りの言《よ》うこどど、親の意見どナスビの花は、千に一つの無駄もねえ」

でで、そう言《よ》うがったでがのう。

いっつご、むがしがつっさげだ。長門の長淵、ブランとさがった。*

＊語り手・波多野ヨスミさん独自の終わりの言葉。

（―新潟県―　佐久間惇一編『波多野ヨスミ昔話集』）

赤面《あかつら》地蔵

むがぁし、まずあったと。むがぁしなぁ、一人のほいとさん[*1]がおらって、そのほいとさんは、あっちゃこっちゃに立ってござらっしゃるお地蔵様ぁ見ると、桶こに水たんがえて来ては、わらぁたばねたタワシで、こうしてお地蔵さんの顔ぉきれいに洗う、ほいとさんであったんだと。

ほぉで、面《つら》洗いのほいとさんとか、地蔵洗いのほいとさんとかゆわれていたんだけんども、そのほいとさんは福島の人ではねくって、若え頃《わけ》は三陸の方（岩手・宮城の海岸地方）に住んでいた人なんだと。その三陸の浜のすぐそばに、お地蔵様立ってらったんだと。ほぉでその村の年寄《とっしょ》りたちが、

「この地蔵様の面が赤くなったれば、この村亡《ほろ》びるという、ずうっと昔からの言い伝えだぞン」

と語ってきたんだけんども、地蔵様なんて石で出来ている仏様だから、面ぁ赤くなるなんてことは一度もねかった。若え人たちは、

「石でできた地蔵様の面ぁ赤くなることなんてある筈ねえべ。ひとつ、いたずらしてみるか」

となって、ある時山の方さ行って赤土取って来てな、ほぉで地蔵様の顔にベターッとその赤土ぬったくっておいたと。したれば村の年寄りたち、それ、次の日にその地蔵様の面ぁ赤くなっているのを見て、

「だれだぁ、こぉだいたずらしたのは」

ほぉで、皆して桶こに水いっぺえくんで来て、せっせとその赤土洗い落としたれば、また地蔵さんの顔元どおりなったもんで、年寄りたちは、

「やれやれ、えかった」

となって安心して、皆ぁ家さ帰って行ったんだと。ところが．若え者の中で一人たいそ

ういたずらな男がいてな、せっかく赤く塗ったのに、年寄りたちにほれ洗い流されてしまったから、赤土なんぞだと洗い落とされてしまうから、今度はなかなか落ちねえ様なもんで、あの地蔵様の面ぁ塗ってみるか、となって、よつづみ[*2]という実ぃ取って来るとな、それつぶして、ほぉで地蔵様の顔赤ぁく塗ったんだと。

　次の日、村の年寄りたち、はあ、たまげてな。その地蔵さんの面ぁ見たれば、まっ赤になっていたもんだから、

「いやぁ大変《てえへん》だ、もしかしたらまた若えもんのいたずらかもしれねえけんども」

　と言いながら桶こたがえて来て、皆してその地蔵様の面ぁ洗ったんだけんども、よつづみで塗ったその地蔵様の面、洗っても洗っても、元に戻らねかったんだと。ほで村の年寄りの人たち、いやぁたまげてしまって、

「これは地蔵様の面まっ赤になってしまったからこの村亡びるんだから、皆家さ帰《けえ》って、荷造りして、隣村さほれ、出はって逃げて行かねばならねえ」

　ほぉでそれぞれの人、荷物まとめて、隣村さ逃げて行くべえと思って、行列作って歩き始めたれば、そのたいそういたずらな男な、山の上さ登って、ぞろぞろぞろぞろ歩ってい

く村の人たちに向かって、

「あの地蔵様、赤くしたのはおらだぞぉン、よつづみの実で赤くしたんだぞぉン。おどかされて逃げるのはばぁかだぞぉン」

こうゆって、わめいたんだと。したれば村の人たち、

「なあんだ、また若え者のいたずらか、しゃあねえなあ本当に」

と言いながら、いったんは逃げようとしたんだけんど、いたずらではとなってまた戻って来て、それぞれの家に、戻った時であったと。突然の大津波が来て、その村、ひと村、サァーッと波で、海の中さ引き込まれてしまったんだと。助かったのは、その山の上にいた、いたずらな若者一人、その若者がな、

「村は皆ぁ波にさらわれてしまった、家の者もいなくなった。村の者もいなくなった。おらのせいで、ひと村つぶしてしまった」

となって、歩いて歩いて歩いて福島まで来て、ほいとになった、それがあの面洗いのほいとさんでな、したからそのほいとさんな、地蔵様の面さえ見ればきれいに洗って歩くほいとさんになったんだと。

（この話は明治二十九年〈一八九六〉の三陸津波のことだと聞かされてきました。）

＊1　方言で物もらい、物乞い。

＊2　ガマズミ。樹高二〜三メートルの落葉低木。赤い果実を付ける。

（―福島県―　藤田浩子『かたれやまんば』番外編1）

園家千軒

昔々、入善町園家《にゅうぜんまちそのけ》（富山県下新川郡）に園家千軒といって、港が栄えていた。その頃、この港町に一人の老婆がいた。この老婆は何でもよく知っているふしぎな人であった。

ある夜のこと、星をみていた老婆は、突然に、

「こりゃ大変じゃ。大津波がくる。逃げろ、逃げろ」

といって、町中をかけまわった。町の人はおどろいて、

「なんちゅうまた。とうとう気が狂うてしもうた」

と、誰一人相手にしなかった。

そうすると、突然の海鳴りとともに、大津波が押し寄せ、家も人も皆さらって、なにひ

とつ見えなくなった。あとには砂丘があるだけであった。今も正月になると園家砂丘の下から、お寺の鐘の音がきこえるといわれている。

なお近くの村椿千軒、大島千軒、石田海岸にも石田千軒、また富山市四方の近くに打出三千軒などが伝えられている。海岸浸蝕の有為転変を語ったものでもあろうか。

（―富山県―　入善町史編さん室『入善町史―資料編』）

お亀磯

小松島市（香川県）の港外にお亀磯とよぶ岩礁がある。今は岩だけが残っているが、昔は一つの島で亀島といわれていた。

この島には漁師の家が千軒もあって、俗にお亀千軒とよんでいた。島にはえびす様を祀ってある社《やしろ》があって、その中には鹿の頭も祀ってあった。一人の信心深いお婆さんがたいそう信仰していて毎日参詣していた。

ある夜の夢に、もしえびす様の鹿の顔が真赤になったら島は沈むから、急いで逃げて行けという夢の告げがあった。

そこで、お婆さんは村中の人にそのことを知らせておいた。そこへそれを聞いた若衆の中に、そんなばかなことがあるものかと言うのがいた。

その若衆は町へ行って紅《べん》がらを買ってきて、その鹿の顔へ紅がらを赤く塗りつけた。翌日になってお婆さんが行って見ると、鹿の顔が赤くなっている。婆さんは驚いてしまって、家族をみんな連れて船に乗って逃げて行ってしまった。村では若衆が紅がらを塗りつけたのを知っていたから、だれも島から逃げようとしなかった。

ところが二、三日たってから、大きい地鳴りがして、島は海中深く沈んでしまった。今に残るお亀磯はその島の一部だけが海中から突き出ているのだという。


（―香川県― 武田明編『四国路の伝説』）

水を呉れ

昔ある浜辺の一部落に、大津波が来るとの噂が立った。しかし多くの人々はこれを信じなかった。ただ老人はこういったことをよく信じていたので、若者の理屈を排して山へ避難した。若者達は、

「何そんなことがあるものか」

と言って逃げようとしなかった。ところがある晩果して、大津波が来た。そして居残った者は皆大海原へ運び出されてしまった。

数年は経った。白い骨が幾つも幾つも波打際に打ち寄せられた。何の供養もされないで。ところがそれから毎夜毎夜、海岸でうめき声がする。これを見届けたものはないが、どこ

からともなく、

「咽喉《のど》が渇いた、水を呉れ、呉れ」

という声が聞えて来る。それで村人達はついに、先に無慚の死を遂げた人々の霊が迷っていることに気附いて、経をあげて貰ったら、その翌日からは全く声が無かったという。

〔浜松市　渡辺はな〕

（――静岡県――　静岡県女子師範学校郷土史研究会『静岡県伝説昔話集』）

【噴火】

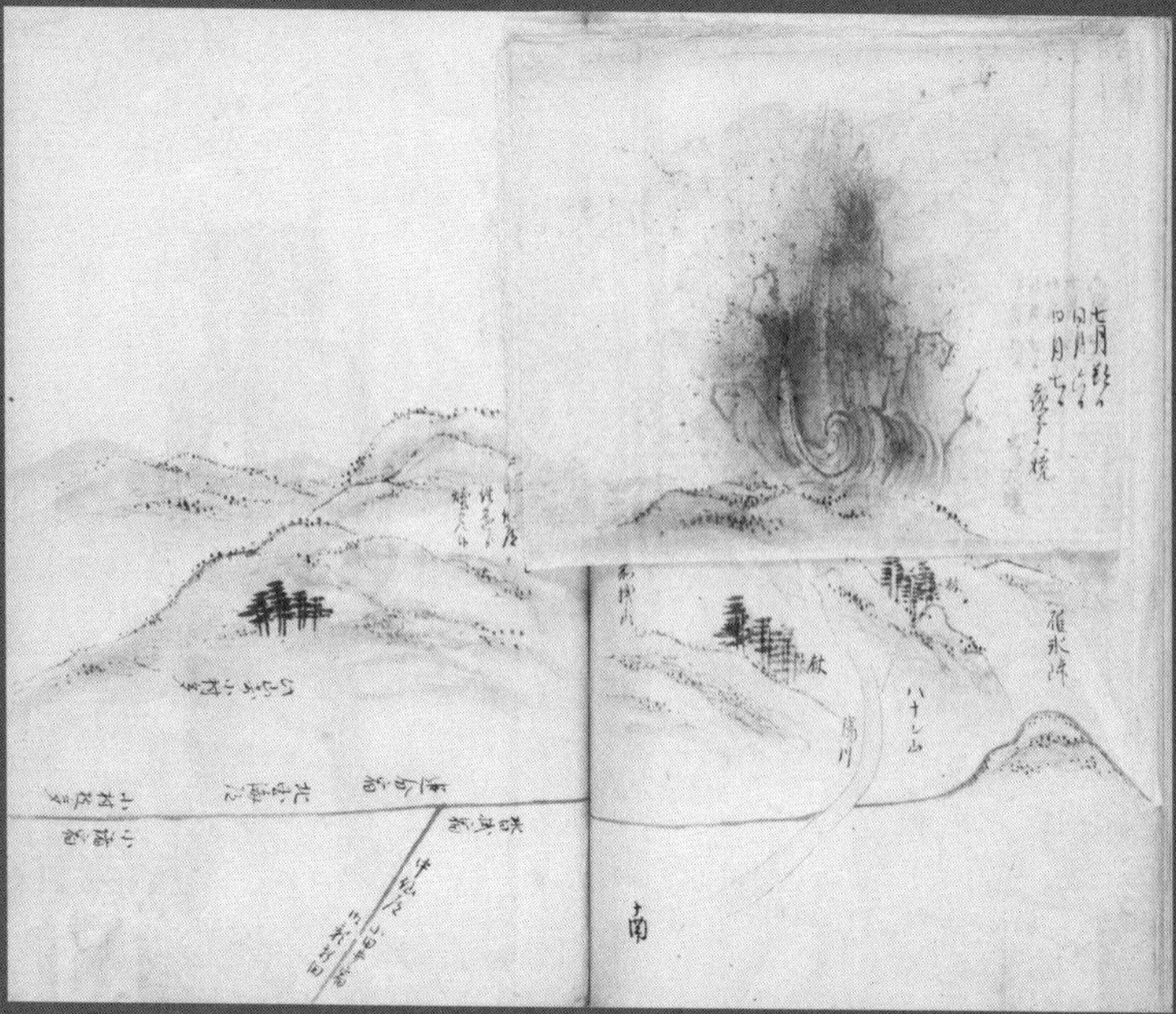

天明3年（1783）8月5日、浅間山が大噴火した。火砕流が麓を直撃し、千数百人らの死者を出したという。『視聴草』より。

有珠岳の噴火

昔十勝（北海道）のコタンにイモシタルという名のアイヌが住んでいたが、子供の時から手癖が悪いので皆に嫌われていた。その男がとうとう病気になって死んでしまったが、世の中にいたときあまり悪いことばかりしていたので、神様は彼をカムイモシリ（神々の住まう地）へ送ることを許さなかった。

行く先のなくなったイモシタクルは、どうせ嫌われついでにもう少し悪いことをしてやろうと、もう一度地上に舞い戻って、或る家の窓から中に入ろうとしたところ、その家の老婆に発見されて、ヘラで尻を叩かれたので、びっくりして逃げ出した。

あっちこっちで悪戯をしようと機会を狙ってうろつきながら、虻田《あぶた》の方までやって来たところ、有珠岳《うすだけ》の麓で神様に見つけられ、物凄い勢いで蹴飛ばされたが、その神様の勢いがあまりに猛烈だったので、あたりがグラグラと揺れたはずみに有珠岳が抜けてしまい、物凄い噴火になったという。

［工藤梅次郎「アイヌの民話」］

（―北海道―　更科源蔵『アイヌ伝説集』）

岩手三山

三山伝説は、たとえば、富士を中心に、筑波、榛名《はるな》といったように諸国至るところに流布されていて、ここでは岩手、姫神《ひめがみ》、早池峰《はやちね》が、その対象となって語りのこされている。

この場合、この地の主宰者は岩手の山であった。妻として姫神山をめとっていたが、姫神を袖にした主宰者は、早池峰の女神に心をひかれた。

神とて厭気がさせば人間と違いがないらしい。顔を合せるのもうとましくなり、オクリセンの神に送り役を仰せつけ、

「一夜のうちに、わが目のとどかぬところに送りゆけ」

と、きびしく命じた。

姫は泣く泣く夫のもとを去ったが、去る足も鈍く、翌朝岩手山が目をさましてみると、まだ東の空にそびえていた。それを見て怒り狂った岩手山は、盛んに火を噴いて暴れまわり、ために谷々山々は震えどよめいて、また太古に還ったかのような有様となった。

このときから、岩手、姫神の間にあったオクリセンの山は、岩手山の怒りにふれて首を吹きとばされ、その首は岩手山麓に大きなこぶとなって、今にのこっている。

また、オクリセンの近くには、五百森《いおもり》とよばれる青草で蔽われた多くの丘々があるが、これは姫が、のちのちの形見にもと、手もとにあった糸巻きを撒き散らしたものといわれ、赤い小石の沈む赤川は、やはり姫がお歯黒のかねを流したあとといわれている。

なお、太古ばかりか近世になって岩手山が火を噴いたのは、貞享三年（一六八六）から享保四年（一七一九）の三十三年間に、大小合せて九回にも及んでいる。

記録によると、盛岡城下にもおびただしい降灰があり、夕顔瀬《ゆうがおせ》あたりから望見すると、今にも頭上に火山弾が飛来してきそうで、生きた心地もなかったと、田村神社別当斎藤家記録「岩鷲山御炎焼之事」に残されてある。

（──岩手県──　平野直『岩手の伝説』）

だいたぼっち

尾張の国（愛知県）片葩《かたは》の里に大太法師《だいたぼっち》と呼ばれていた大男がおった。この「だいたぼっち」は、いたずらをする子がいると、いたずらをするなと言ってやり、悪いことをするものがいると、どんなに遠くても、出向いていって、悪いことをするなと言って、やめさせたそうな。

ある日、大太法師が音聞山《おとぎきやま》にどっかと腰をおろして、昼寝をしていると、遠くの方から何やらさわがしい声が聞こえてきた。

また何か起こったのかなと、グーンとのびをしながら声のする方を見てみると、大地から火が吹き出していて、村人たちが、泣き叫びながら助けを求めている。そこは駿河の国

（静岡県）であった。

さっと立ち上がった大太法師は顔をつるりとひとなでするると、すぐかたわらの、近江の国（滋賀県）の大地を両手でザックリとすくいとった。ザックリザックリとすくいとった土を簣《あじか》*に入れると、ハイヤッと肩にかついでかけだした。

ゴー、ドドン、ゴー、ドドドド。火を吹きあげる大地は、グラリグラリと揺れ、絶え間なく火の塊をはじき出す。

大太法師が、パッと土をかぶせても、火は、その土をどろどろに溶かして、また、吹き上げてくる。

何荷も土を運んだすえに、やっと火をおさめたのだが、それでもこんもりともりあがった土のてっぺんからは、白い煙がふうわりと流れ出ていたそうな。村人たちが大喜びだったのはいうまでもない。

こうしてできた山が富士山で、土をザックリすくったあとには水がたまって、琵琶湖になったという。そうそう、簣からこぼれた土が固まってできたのが小牧山だ。大太法師は重い簣をかついだために、足が大地にめりこんだ。その足跡に水がたまってまんとう池になったという。

＊土を運ぶ竹かご。もっこ

（―愛知県―　ふるさとを訪ね民話を読む会『お母さんが集めたなごやの民話』）

御嶽山の噴火

開田村《かいだ》（現・長野県木曾郡木曾町）の南西には、霊峰御嶽山《おんたけさん》が聳えている。長い間、休火山として清閑な姿を歴史に留めてきた御嶽は、昭和五十四年（一九七九）十月、太古の眠りから醒めたように突如として大爆発を起した。ところが、大噴火に先立って、麓の村では不思議な出来事があった。

麓の御嶽講の講社では、毎年夏になると代参で御嶽に登る。その年の春も、講中が「御座《おざ》」を立てて、神意を託宣する中座《なかざ》に夏山の伺いを立てた。すると神憑《かみがか》りした中座が告げるには、今年の夏山は中止しても良いということであった。常にない神意を聞いて、村人たちはずいぶん思案したが、やはり代表者を夏山に登拝させることに決めた。例年の神事は変更できないというのである。

そして、その年の秋の大噴火が起こって、村人ははじめて中座の告げた意味を了解した。

また、御嶽山の噴火の数日前、山に入って山仕事をしていた人は、こんな話をした。

いつもは山に入るとたくさんの小鳥が啼いていたり、ときには猿やカモシカなどの獣を見ることもある。ところが、その日ばかりは、小鳥の声ひとつなく、あたりは不気味なほど静まりかえっていたという。動物たちは、いちはやく異変に気づき、山を降りたのにちがいない。

（―長野県―　民話と文学の会『民話と文学』9号）

火の雨塚

今からおよそ四百年ばかり前の中仙道が開けぬ頃、南御牧村《みなみみまき》（現・長野県佐久市）大字桑山は、寺尾山の南麓の日当りのよいところにあって、その戸数もわずか十四、五軒にすぎなかった。ちょうどその頃、浅間山が大噴火をして、このあたりまで溶岩や熱灰が落下してあたかも火の雨が降るような有様。土地の人たちは逃げることもできないので、皆あわてて洞穴を造ってその中へ逃げ込み難を避けたという。その時の洞穴が、この火の雨塚であるということである。

一説には昔、武烈天皇が大変に暴虐な振る舞いを常になされたので、天の神様がこれを見ておおいに怒って、これを懲してやろうと火の雨を降らした。この土地（桑山）の人々はこの災難に苦しんで難をさけようと洞穴を造ってかくれたという。その洞穴がこの火の雨塚であるという。

（―長野県―　北佐久郡教育委員会『北佐久郡口碑伝説集』）

浅間山爆発！　死者二千名！

天明三年（一七八三）七月七日、信州の浅間山が爆発して未曾有の災害をおよぼした。爆発とともに黒砂が降り、天地晦冥《かいめい》。軽井沢・沓掛・追分、さては板鼻のあたりまで二抱えもの石がふり、人びとは桶や擂鉢をかぶって逃げまどった。

爆発は翌八日までつづき、流れ出た溶岩は北方上野国吾妻郡を襲い、死者二千人、埋没民家千八百、降灰は関東一帯にわたり、江戸でも地上一寸（約三センチ）に及んだ。また火山礫は吾妻川を堰き止め、ついで決壊して利根川すじに大水害をおよぼした。あいにく前年からの大飢饉と重なり、物価暴騰して次の落首となった。

浅間しや富士より高き米相場

火の降る江戸に砂の降るとは

（―長野県―　稲垣史生監修『かわら版　江戸の大変』天の巻）

【雷】

文政13年（1830）5月21日、江戸の町は雷雨と雹に襲われた。こぶし大の雹が降り、負傷者も出たという。『想山著聞奇集』（三好想山著、1850年刊）より。

雷様《らいさま》の恩返し

昔。むかしの話だ。粕尾《かすお》（栃木県鹿沼市）に、どんな病もお灸で治すことで知られた医者がいたんだ。ある夏の夕方、晴れていた空に急に黒雲が広がったかと思うと、ザザーッと雨が降ってきて、雷も鳴り出した。医者は、その雷の音を聞いて、

「おやっ、いつもと違うぞ。雷さまは病にかかっておるな」

次の日、医者の家に白髪の爺様が訪ねてきた。爺様は、

「わしは雷神じゃ。お前の見立ての通り病にかかっておる。灸で病をなおしてくれぬか」

と言った。医者は雷神にお灸をすえ治してやったと。雷神は、

「おかげで助かった。何か礼がしたい」

「この粕尾では雷が落ちて人が死んだり火事になって困っとる。それに、川筋が定まらないで難儀をしているから、川の流れを山側に変えてはくれまいか」

「わしは、雷神だ。その頼みは引き受けた。村人が川の流れを変えたい所に、目印に鍬目をつけておけ」

村人が川の流れを決める鍬目をつけ終わったとたん、雷鳴が響いて七日間も大雨が降り続いた。雨が上がると山側に川筋が定まって、その流れは今でも変わらないんだとさ。

この医者は中野智玄《なかのちげん》といい、智玄をまつった録事尊《ろくじそん》のお札を畑にさすと、雷除けになるって話だ。

おしまい。

この話は、鹿沼市中粕尾の瑠璃光山蓮照院常楽寺に「糟尾大明神縁起」として伝わっています。

常楽寺は「録事尊」と呼ばれる智玄をまつり、雷除けの仏様として深く信仰を集めています。二月十一日の祭りには遠くは長野県や群馬県からもお札を求めて多くの人々が集まり、露店も出てにぎわっていました。農作業中の落雷は恐ろしいもので、田畑で働く人の真剣な祈りが感じられます。栃木で盛んに栽培されていた麻にも雷の豪雨の与える害は甚大だったので、昔は、麻畑の真ん中に、篠竹に挟んだ雷除けのお札を高く掲げておく光景も見られたそうです。

［間中一代さんのひとこと］

（—栃木県—　野村敬子・霧林宏道編著『間中一代さんの栃木語り』）

くわばら、くわばら

すこし昔まで神奈川区（神奈川県横浜市）の台町《だいまち》に、どんなにひでりがつづいても、水のかれたことがないという湧水《わきみず》があった。

江戸時代の俳人、松尾芭蕉が〝まずのんで手拭《てぬぐい》しぼる清水かな〟と、うたった湧水で、東海道をいく旅人は、ここでのどをうるおしていった。

湧水のまわりには、茶店の玉川屋、田中屋、桜屋ができた。

明治のはじめのある夏の日、一天にわかに空がかきくもり、雷がおどろおどろとなりひびき、稲妻がピカピカッとはしったとき、天からなにものかが湧水のそばに落ちてきた。

茶店にいた客は、台の下にもぐりこんだ。

やがて、青空がでたので茶店のおやじが外へ出てみると、ちじれ毛のへんなものがひっくりかえってうなっていた。

おやじは、風呂敷をかぶせて、首を鎖でふんじばった。

それをみた物知りらしい旅人がのこのこでてきて、「こいつは、まんじゃというて、雷のこどもだ」といった。

まんじゃのうわさはパーッとひろまり、見物人がおしかけて茶店はおもわぬ繁昌。店のおやじ、かみさんは、えこえこ顔。

ところが、茶店のおやじは、商売にむちゅうになり、まんじゃにはなんもくわせなかったので、まんじゃは虫のいきになり、天をうらめしそうにみつめていた。

七日め、ある旅人がまんじゃをみて、まっさおになって茶店のおやじにいうた。

「おやじさん、雷神さまを見世物にして金もうけをしていると、罰があたりますぞ。はなしてやりなよ」

おやじは、罰があたるといわれてふるえあがり、雷に手を合わせてあやまり鎖をといてやった。

雷のこどもは、山のほうへあるいていったが、天へかえって雷神に台町に落ちて見世物にされたことを話した。それから台町は、雷にとってこわいところとなり、雷はぜったいに落ちてこなかったという。

雷の話は、港北区綱島《つなしま》にもある。

むかし、綱島の福讃台の八幡宮に一つの石がとつぜんおいてあった。村の人は、この石を雷神さまが、あやまって天から落とした「雷鳴石《らいめいいし》」と、よんであがめていた。

ふしぎな石で、天で雷がなると、雷鳴石もそれにこたえるようにうなった。雷神は、そのうなりをきいて、綱島は危険なところと考えたらしい。綱島だけは通りぬけて落ちなかったという。

その雷よけの「雷鳴石」は、だれがどこへもっていったのか、いまはない。でも雷神は、それを知らぬとみえて、いまも綱島には雷は落ちてこないという。

すこし昔まで横浜のこどもは、雷がなると〝くわばら　くわばら　ばらの木　山椒の木〟

と、となえ線香をたて、蚊帳の中にとびこんでへそをおさえていた。すると、ごろごろ様は、落ちてこなかった。

この「くわばら」の話は、兵庫県三田市桑原《くわばら》の欣勝寺《きんしょうじ》で語られている。

昔、弘治二年（一五五六）、ある夏、雷のこどもがどーんと欣勝寺の井戸に落ちてきた。和尚はとんでいって井戸にふたをしてしまった。雷は、天に帰してくださいとたのむと、和尚は、「これからは、桑原には落ちません」という証文をかかせて帰してやった。

それから、雷がなると「くわばら、くわばら」ととなえて、雷によけさせるようになった。

欣勝寺には、いまもその雷井戸があり、雷除けのお札をだしている。

雷っておっかねえんだ。昔の人は「地震・雷・火事・おやじ」っていったでねえか。

（―神奈川県―　萩坂昇『よこはまの民話』）

雷の手形

山梨県甲府市太田町。中古の頃、一蓮寺に勇猛剛力の住僧がいて、朝比奈《あさひな》和尚と呼ばれた。

あるとき葬式があって和尚が引導に立ったとき、にわかに雷鳴が激しく暴風雨が起こり、黒雲は堂中に舞い下がり雷光が目を突いた。衆僧も施主も恐れおののく中に、和尚は泰然として読経していると、大音響とともに雷が龕《がん》の上に落ち、雲の中から雷は、鬼のような大手を出して和尚をつかみ去ろうとした。和尚も腕を伸ばして鬼の腕をつかみ、雲中より鬼形の怪獣を引きおろして膝の下に敷き押えた。鬼は跳ね返そうとしたが、和尚の大力にはかなわぬ。そのうちに雲霧が晴れて雨風もやみ、鬼は天に昇ろうとしたが、雲がなくて天に帰れず、泣いて命乞いをした。

和尚も初めは怒って聞き入れなんだが、

「今後このお寺や檀家に決して落雷せぬならば許す」

というと、鬼は喜んでこれを誓った。和尚が、

「約束をたがわぬために証文を書け」

というと、鬼は、

「俺はまだ書筆を学ばぬ故字は書けぬ」

といって、硯を借りて掌に墨を塗り、傍らの長柄の傘に手形を押してようやく許してもらった。

今も葬式のときはこの長柄の傘を用い、また七月虫干しのとき参詣すれば、一般の人にも見せてくれる。* その手の跡は猫の足跡に似て至極大きいという。


（――山梨県――　土橋里木『甲斐の伝説』）

＊「雷の手形」は太平洋戦争の時に焼失したという。

雷を怒らした娘

沙流川《さる》の奥振内《ふれない》（北海道沙流郡）の近くにシュマルッペ（まいづる草）という、まいづる草ばかり生えているところがある。この近くで昔、二人の女が雷がなっているとき、莚《むしろ》をあむ蒲《がま》を水に入れてしめらしながら、

「雨が降ってもわたし達は働いているのに、雷だって遊んで歩かないで働いたらいいでないか」

と雷の悪口をいい、蒲をひたした水を雷の方にふりかけたので、怒った雷は二人の家の上におちて女達を素裸にし、一人の女の股のところにどろの木の葉を一枚つけて夕張の奥に吹き飛ばし、もう一人の恥部には柏の葉をはりつけて十勝の方に飛ばしてしまった。そ

の雷のおちて家を焼いたところにシュマルッペばかり生えているのだ。

〔平取町長知内　萱野利吉老伝〕

（―北海道―　更科源蔵『アイヌ伝説集』）

桑の木さお雷様落づねわげ

むがしむがし。

下界ば見下ろすてだお雷《れやぁ》様がな、大きな杉の木の根っこで臍出すて寝でる大男ば見《め》っけだつを。その臍つのぁ、出臍《でべそ》でな、にぎりこぶしぐらいあって、いがにもうめそうだどさ。

お雷様、その出臍ば、つぐだににして食《け》だぐなったつを。

そんで、食いでい一心でな、急えで落ぢだもんだがら、落ち方が悪がったんだべ、杉の木ぁ粉々にぶっつぁげでさ、天さ昇るときに足ががりになる木ぁねぐなったんだとさ。

「天さ帰りでい、天さ帰りでい」

って泣いでだらば、桑の木さ止って、くわご（桑の実）つっついでだ赤い鳥コがな、

「一つだけ約束すてければ、おれが天の神様さ、帰れるようにたのんでくっけんともな」

って語ったらば、お雷様、

「ああ、なんでも約束するよ、なんでも約束するよ」

っどさ、赤い鳥コぁ、

「おらの仲間な、くわごが好ぎで、桑の木ぁ大事にすてんのだ。うだがら、桑の木さどげられる（落ちられる）ど困るのさ。桑の木さどげねって約束すてけだら行って来すぺ」

って語ったらば、

「ああ、桑の木さぁ、ぜったいにどけねいさ」

っんで、赤い鳥コぁ、ピーツクピーツク天さ昇ってえったつけぁ、間もなぐ天から糸が下って来て桑の木さ、からまったどさ。

お雷様ぁ、その糸さつかまって天さ昇ってえったど。

それがらお雷様な、桑の木さばどげねつんで、お雷様鳴り出すと、どこの家でも入口さ桑の枝さしてお雷様除げするようになったんだどさ。


（―宮城県―　佐々木みはる編著『冬の夜ばなし―宮城・県北の昔話―』）

雷神の手伝

或所に一人の男があった。町へ行って見ると、苗木売りの爺様がいたから、それから桃の木の苗木を一本買って来て、それを裏の畠のほとりに植えて、早くおがれ（育て）と言って、一生懸命に肥料《じき》をやって置いてその夜は寝た。

翌朝起きて見ると、昨夕方《ゆうべがた》あんまり肥料をやったものだから、一夜の中に桃の木がおがるおがる、ウントウント大きくおがって、天の雲を通しておがっていた。男は常々いつか天上を見物したいものだと思っていたところだから、これはよいことをしたと思って、その桃の木伝いに天へ登って行った。

すると雲の上に青鬼が二匹控えていて、コレコレお前は何しに此所さ来たと訊いた。すると男は此所のところが天か、何が何んでも俺は雷様に逢いたいから、雷様のいるところへ連れて行ってくれろと言った。鬼どもは、ほんだら此所を真直ぐに通って行けと教えた。

男が教えられた通りに行くと、大きな家があって広い座敷の中で雷様が昼寝をして御座った。そこへ赤鬼が二匹やって来て、もしもしハア出かけますべえと雷様に言いながら向合って、燧石《ひうちいし》をカチッカチッと両方から打ッつけ合った。するとピカッと稲妻が飛び散らけた。雷様はやっと目を覚まして、ナンタラ野郎ども早いよ、俺はまだ眠《ねぶ》たい眠たいと言って大きな欠伸をして起き上って、長押に掛かってあった八ツ太鼓を取って、ドンドコ、ドンドコと打ち鳴らしながら出て来た。

そして玄関で男と出会して、ヤアお前は見たことのない人だが、誰だアと訊いた。男が、俺は日本から来たと言うと、ああそうか、ちょうどよい所へ来てくれた。早く此桶の底をブン抜いて水撒きをやってくれと言って、雨降らせ役を男に頼んだ。男はそれを承知して、桶の底をブン抜いて、雲の上から下界へザアザアと水をブンまけた。

ところが下界で今を盛りと稗干《ひえぼし》をしていた爺様や婆様たちが、それア神立雨《かんだちあめ》*だと言って大騒ぎをしはじめた。男はそれが面白くてウッカリ見惚れているうちに、雲を踏ン外して、ドンと下界へ堕ちてしまった。そして桑畠に落ちて来て、桑の木の枝に引懸った。雷様はそれを見て、あはははッ、あの男は桑の木に引懸った、可愛想だからあれに障るなと言った。だから雷様の鳴る時には何処でも、桑の小枝を折って来て軒にさすのだという。

［村の小沼秀氏の話の五］

＊神立は、神様が何かを伝える雷、雷鳴を指す。雷雨のこと。

（―岩手県― 佐々木喜善『聴耳草紙』）

「雷神図」（東京大学総合図書館所蔵「石本コレクション」）

【洪水】

安政3年（1856）9月22日に江戸は大風雨が襲来、甚大な被害をもたらした。
金屯道人（仮名垣魯文）による風水害ルポ『安政風聞集』より。

白髭の水

北上川（岩手県）には記録に残る大きな水荒れが二つある。その一つがこの宝治の白髭の水で、あとの一つは「雨と降らせ、風と吹かせて……」と唄い文句にまで残った寛政三年（一七九一）のお菊の水である。

宝治元年（一二四七）八月に起った水荒れは、大迫《おおはざま》を貫いて流れる岳川《たけかわ》の岸を変貌させ、東は胡四王《こしおう》の山麓濁流が奔騰し本流に入るや、西南花巻鳥谷ヶ崎城の搦手《からめて》までおし流して、荒れに荒れ狂ったとある。

これには因ってくるところがあった。ことの起こりは、早池峰《はやちね》の麓に河原の坊というところがあり、その頃一人の僧（河原の坊をひらいた僧快賢）が、ある夜、河原で焚火しながら餅を焼いていると、丈七尺（二メートル余）はあろうという山姥《やまんば》が出現し、その餅を所望した。この山姥、麻糸《にそ》のような白髪をふり乱し、その眉毛は白く長く、眼光は炬火《たいまつ》のごとく耀き、口また広く裂けて、そのすさまじさ、胆の冷える思いであったという。

快賢、一言もなく餅をやれば、また次の夜もやってきて、餅を所望してやまなかった。快賢はそういうこともあろうかと、その夜は餅に似た河原の白い石を焼いておいたので、何食わぬ顔して、

「いくらでも食らえ」

と、言ってやった。

それきくと山姥は、ものをもいわず、皆げろげろと呑みこんでしまい、はてはかたえにひきつけてあった徳利まで奪い、

「ほうほ、般若湯《はんにゃとう》まであるとは、殊勝な」

と、ごへっごへっと、のみ下した。ところが般若湯と見せたは、酒ではなくて、実は油だったから堪らない。たちまち腹中の焼石から油に火がついて、口から火焰を吹き出し八苦の苦しみを始めた。

「おお苦しや、さては謀ったな。後日の祟りを覚えておけ」

と言ったかと思うと、全身火焔に包まれて、虚空はるかに飛び去った。

山姥の言葉に違いはなかった。その夜から篠つく大雨が降り出し、降りやまぬこと七日七夜、山々は鳴動して、水を噴き出し、濁流は平地に渦巻いて、河原の坊をも一瞬にのみこんでしまった。その水勢の物凄さは、筆舌にも尽しがたし——とある。

このとき、北上本流の濁流にのって白髭の翁が流れ家の屋根にのって、扇で煽ぎ煽ぎ、のんびり流れていくのを見たというものが、幾人かあった。このことあって以来、この洪水を、「白髭の水」と称《よ》んだとある。

（—岩手県— 平野直『岩手の伝説』）

亀鰻合戦

その昔、江合川《えあいがわ》が鳴瀬川に合流していたときの話（宮城県大崎市）。

御倉場の夜は昼と引きかえ静まりかえっていた。小屋のお爺さんは網のこわれをつくろっていると、ブルブルッと水をきる音が不気味に聞こえて来た。

「ハテこの夜中に？　なんだろう？」

不審の眉をひきよせ、じっと耳をすませた。と、明け放した戸のあかりにあらわれたあやしの姿、白ひげの長い大きな魚がつかつかと進んで来た。そして椽《たるき》に腰かけながら、

「爺さん、私は江合川の主の鰻です。お願いがあって参りました。どうぞ聞いて下さい。明晩丑《うし》の刻（午前一時）にこの落合で鳴瀬川の主と合戦するのですがね」

「えッ、あの大亀と。それはまた何故ですか？」

お爺さんは怖しいのも忘れて聞きかえした。

「御存じでしょうが、江合川は日増しに浅くなって、わたしのいるところがなくなりましてね。この頃は鳴瀬川に来ているわけです」

「それで大亀が去れとでも言うんだね。」

「その通りです。私も一川の主です。このまま、おめおめ去ることは出来ません。華華しく合戦して雌雄を決しようと思います。しかしお爺さん、とてもあの大亀には適いますまい。危くなったら大声で応援して下さい。明晩丑の刻ですよ。どうぞお願いします」

言い終ったかと思うと、鰻の姿はもう見えなくなった。

夏も末ながら、残りの暑さはげしい鳴瀬川の夜も更けて、薬師の森に梟も夢見る頃合い。水煙天に沖し、水を搏つ音、地にとどろくは、今ぞ大亀大鰻の合戦酣《たけなわ》なるか。しばしもみ合う中、大亀の一撃、まさに鰻をうたんとする刹那、大声出した小屋の爺さん。

大亀はふりあげた手をしずかに下して、水中にかくれてしまった。

鰻は一命を救ってくれた爺さんに、永久にこわれることのない網を一張贈って、月見草の宵明り、水影静かに江合川をさか上って行った。


二百十日の暴風雨《あらし》は大洪水の危機をはらんでいた。

其の夜。白衣の入道が丈余の杖に鈴ふりならし、一本歯の足駄をはいて、洪水の通路を予告してあるいた。人々は驚いて着のみ着のままで避難した。

やがて物すごい地ひびきがして、洪水が襲うて来た。大丈夫と安心していた人達は、あわれ濁流におし流されてしまった。

彼の白衣入道こそ江合川の主鰻であり、その洪水のあとに出来たのが、今の江合川であった。主は新しい川に安心してくらすことが出来るようになった。

昔、江合川は、古川大幡宮内楡木前を流れ、中目の裏で鳴瀬川と合流していたのである。水量ゆたかに水深く、埠頭には百石積み、五十石積みの帆船がにぎわったものであった。

取締の役所いかめしく、御倉場軒をならべ、薬師の老杉船路を守り給いし其のかみの盛時、川は惜気もなくこの輝く歴史を流して、今や地名に地形に薬師の小祠に、当時を偲ぶよすがのこるのみである。

この度の合流、また故あることと思う。

［敷玉小学校郷土教育研究部］

（―宮城県―　山本金次郎『郷土の伝承』第二輯）

やろか水《みず》

葉栗郡草井村（現・愛知県江南市）の、木曽川沿いに、小淵という村があった。ある年の夏、降り続く木曽川の水は刻々増水して、堤防のいたるところが、危険にさらされはじめた。小淵の村民は、女子供を避難させたあと、総出で、必死に水防作業にあたっていた。


そうしたある晩のこと。激しい雨あし、白く泡立って流れる激流のなかから、気味の悪い呼び声が聞こえてきた。耳をすませて聞くと、それは、

「やろかー、やろかー」

といっているようである。狐狸のしわざか、風の音のいたずらかと思う間もなく、また、

「やろうかー、やろうかー」

とこんどは、はっきり呼び声が聞こえる。折も折である。業をにやした一人の農夫が、

「よこさば、よこせ」

と呼びかえした瞬間、津波のようにふくれあがった大水が、堤防をおどりこえて小淵の里へ流れこみ、田畑も人家も、一瞬のうちに水の底へ姿を消してしまった。

同じような話が、犬山市にも、もとの古知野町（江南市）にもある。

古知野町には、中と下の般若《はんにゃ》村があって上がないが、これはこの「やろか水」に上般若村が押し流されたからだといわれる。

歴史では貞亨《ていきょう》四年（一六八七）八月二十六日、流出家屋百九十四戸、死者十七名を出した洪水の記録が残っている。これらの伝説は、この史実のかげに咲いた、暗い花であろうか。


（—愛知県—　福田祥雄『愛知県伝説集』）

旅僧に化けた大鰻

昔会津（福島県）を領していた蒲生《がもう》家にまつわる話。

慶長年間（一五九六～一六一五）に殿様が只見川《ただみがわ》の毒流しを試みようとし、領内の百姓に命じて、渋柿や山椒の皮をつかせて、各家より差し出させた。その折、旅の僧がやって来て、宿を求めた。宿の主人に対し、この地の太守が毒流しをするそうだが、何の益もないことだから止めさせるように申し入れてくれという。主人も旅僧の言をもっともと思ったが、すでに領主も決行の日を明日と決定しており、身分賤しき者が申出ても取上げてもらえないだろうと伝え、柏の葉に粟の飯を盛って旅僧をもてなして別れた。

村では翌日、毒流しがはじまり、無数の魚が水面に浮かんだ。その中に長さ一丈五尺もある大鰻《うなぎ》が一匹浮いていた。その腹が余りにも太いので、割いてみると、中に粟の飯があった。宿の主人はそれが旅僧に化けた大鰻であったことを知る。
そして同じ年の秋、会津には大地震、山崩れが相次いで起き、会津川の下流を塞ぎ、会津盆地は大洪水に見舞われた。さらに翌年、毒流しをした領主も早死にしてしまった。まさに大鰻に化けた水界の主の祟りだと人々が恐れたことが、江戸時代の随筆『老媼茶話』にのせられている。

（——福島県—— 宮田登『終末観の民俗学』）

川面土手の人柱

入谷（宮城県本吉郡南三陸町）から行って、米谷大橋《まいやおおばし》*1渡るとしゃ、北上川の西側に、弓なりに回ってる土手あんのね。あたりの人、川面土《かわづらど》手《て》*2っての。その中ごろの河原に、この土手の人柱になったっつ、下女ッコ祀ったお宮あんだてば。お鶴明神ってんだね。

あそこ、むかしは今みてぇな、立派な堤防でねぇからしゃ。毎年流さぇて流さぇて、北上川から、いつも水増しあったっつのね。ほんで、たびたび土手の普請あってしゃ、あたりの人《ひ》たち、それで困りはててたって。

土手普請してて、みなで一服してっとき、ある人、

「やあ、こゆふうに、土手の破れて困っとこさ、人柱立てっとしゃ、土手っつの丈夫んな

るもんだっつけなぁ」

って語ったたっつの。そしたっけ、

「ほんじゃ、だれとご、埋めっぺやぁ」

って話んなってしまった。けっども、あたりほとりの人《ひ》たち、顔見知りだし、「だれそれいい、かれそれいい」って言ったどって、とっても、だれ埋めよっつこと出来《で》ねえ。

したら、そこの肝煎《きもい》りの家《い》さ、黄海《きのみ》＊3から来た、お鶴って言う手間取りの下女ッコ居てしゃ。その下女ッコ、毎日、旦那さんの弁当持たしぇられて、土手さ通って来っつのねぇ。

「あの姉《あね》ッコ、よそ者だからやぁ、あいつ入れろや」

「ほんじゃ、そのことにすっぺ」

って、話決まったぉ。

みなして、穴深く掘ってかに、足場板、穴さ渡しった。待ってたっけ、その姉ッコ弁当持って、

「おら家《い》の旦那《だな》さん、どこさ居たべ」

って、川面土手んとこさ来たって。

「ああ、お前《めえ》の旦那さんなら、あすこに居たから、ここ渡って行げやぁ。危ねぇから、気ぃつけて行げなぁ」

って、穴に渡した足場板渡らせた。姉ッコ、おっがねおっがねって、ほうほうと渡って、ちょうど半ばまできたときしゃ、その足場板、横にぽんっと蹴っ飛ばした。ずるっと横んなって、すぽっと落ったたっつの。で、「それっ」っつんで埋めたんだてば。可哀相にしゃ。

それからってもの、川面土手、大嵐きても流さぃたことねえんだとしゃ。ほんだけっど、明治になってから、あの土手の一番上まで、たぷたぷと川の水上がったことあったって。いまいま土手越えっとごして、たらたらと漏れ出したときあったたっつんだ。ほんで、これ大変《てえへん》だっつんで、あたりの人《ひ》たち、みなして丸太木担《たが》いできてしゃ。土手さ並んで、その木で土手ぇ突いたたっつの。埋めた姉《あね》ッコの名ぁ唱えながら。

お鶴さま　お鶴さま

助けてたもれ　助けてたもれ

って、ドツドツ、ドツドツ、土手突いたんだてば。そうしたっけね、たぷたぷたぷたぷと水上がってたの、ぴたっと止まって、だんだんだんだんと水が下がったんだとしゃ。そしてとうとう、川面土手、破れねえでしまったって。

そって、埋めらぇた姉ッコのこと、

「なに、可哀相なことした。ただ埋めっぱなしでわがんねぇ。ここさ供養碑建てて、みなして拝むべ」

って、土手の内側に供養碑建てて、周りに桜だの杉だの植えてしゃ。いまもお鶴明神って、お宮になってあんだぉね。


【展開していく話】


川面土手の人柱の話、おら家《い》の祖父《じん》つぁまから、聞かしぇらってたのね。ただ、埋めらぇた姉ッコの名前だとか、黄海《きのみ》から来た下女ッコだったとか、そうゆ詳しい話は、此間聞かしぇられたんだ。病院さ入《へえ》ったとき、一緒んなった川面の人から。肝煎《きもい》りの家があったって場所まで教ぇられたのしゃ。

祖父つぁま語ったのは、「かづら姫」っつ下女ッコ人柱にしたってのね。「あそこのかづら土手んとこに、そのかづら姫、神さまになってあっから、気ぃつけて見ていけ」っては、語ったのね。

＊1　宮城県登米市東和町米谷にある大橋で、北上川に架かる。
＊2　宮城県登米市中田町浅水川面にある北上川の土手。
＊3　岩手県東磐井郡藤沢町西部の黄海地区。

（―宮城県―　小田嶋利江編『山内郁翁のむかしがたり―南三陸町入谷の伝承―』）

巡礼堤

北葛飾郡の権現堂（埼玉県幸手市）の堤は、昔は「ここがきれると江戸八百八町の半ばは水浸しになる」といわれた大切な堤であった。この権現堂堤はまた「巡礼堤」ともよばれ、またこの堤にはこの付近数ヵ村の用水引込口である大きな水門も設けられているので、その名を「巡礼の入樋《いりひ》」ともよばれている。

昔、なが雨がつづき、大風雨が夜となく昼となく幾日も続いたので、江戸川の水量が増して堤の切れたところが、百数ヵ所もでき、付近一帯を泥海と化してしまったことがあった。その中でも、この巡礼堤のあたりが最もひどく、外の場所はおおかた修理ができたが、ここばかりはうまくいかなかった。急水止を左右から築いて、でき上ったかと思うとまた大雨が振り出して、一夜のうちに破れてしまうというありさまであった。

今日もこの堤の一ヵ所に村人が集まり、堤奉行の指図で堤の工事を続けている。大水のあとのこととて、何百町の田は一面に、濁水におしまわされたあとのあわれな姿になっている。人びとは大水のあとのいたでと、うち続く工事の疲れにもう口をきく勇気さえ失っていた。しかし、土俵積みを明日に控えては、少しは希望も持たれるのであるが、また、雨が降ると、どうなるかということを思うと、村人はまた暗い不安な気持ちになってしまうのだった。

その時、いくらか夕霧のからんで来た堤の上に、母子の巡礼が通りかかった。母巡礼はそこに立ちどまって人びとの苦労をねぎらい、じっと思いこむように堤の切れ口を見入るのであった。そしてつぶやくように、

「こう度々切れるのは、竜神のたたりであろう。人身御供を立てねばなりますまい」

と、いうのである。そこで、堤奉行は、

「誰かこの人身御供に立つものはないか」

と、人びとを見回したが、誰もこれに応ずるものはない。すると、誰いうとなく、

「教えたやつを立てろ」

といい出した。巡礼はこれをきくと、

「よろしい。私がその人柱になろう」

といって、覚悟の眼をつぶり、暫らく念仏したあとで、川に向かって礼拝したかとおもうと、たちまち身をおどらせて水中に飛びこんだ。これをみた娘巡礼もその後を追って渦まく泥水の中に消えていった。

すると、不思議にもそこから水がひいて、滞りなく堤を築くことができたという。あとで村の人びとは堤に巡礼母娘の碑をたてて、このけなげな巡礼母娘の霊をまつった。

（—埼玉県—　韮塚一三郎『埼玉県伝説集成』中巻）

頼太水

寛永十二年（一六三五）の洪水*1を俗に頼太水洪水《よりたみず》といっている。

布部《ふべ》（島根県安来市広瀬町）の「河原」に頼太、頼次という兄弟があって、年頃漆《うるし》かきを職とし、細々その日を暮らしていた。その頃布部川の奥には雄渕、雌渕という二つの大きな渕があった。*2特に雌渕は大きくて、周囲には大岩石が聳え、奔流は万雷の如く、潭水《たんすい》は深く渦まいて、その物凄いことは全く身の毛のよだつばかりである。ことにその辺一帯は俗に「漆千本」といわれる鬱蒼《うっそう》とした漆の密林だったので、漆の樹から滲み出る樹液は渕の底によどみ、それが積み重なって漆の柱となっていた。

しかし、よほど水練達者な者でなければ、この恐ろしい渕の底にもぐりこんで、一攫千金の巨利を博することは困難である。ところが兄の頼太は何を思ったか、この一命を賭けるような大冒険に踏みきったのである。兄思いの頼次は、何とかして兄の冒険をやめさせ、平凡でも尋常に仕事を真面目にして生計を立てさせようと思った。その事をたびたび兄に意見してみたが、兄はいっこう聴こうともしない。

そこで頼次は、この上は兄に恐怖心を起こさせなくては到底その冒険をやめさせることは出来ないと考え、夜半こっそり藁をもって大蛇をつくり、それを人知れず渕の中に沈めておいた。かかる事とは露知らない頼太は、翌日起き出て天候を見ると、一天快く晴れ渡り、頬をなでて吹く風も極めて爽快である。今日こそは必ず収穫が多いに違いないと、岩上に衣をぬぎ捨て、ざんぶとばかり雌渕の中に身を躍らせた。

ところが不思議や、宇波九合山の頂辺《てっぺん》あたりに一塊の黒雲がわき起こったと見るうちに、見る見る北方の空一面をおおい、雷光すさまじく、雷鳴とどろき、ついに車軸《しゃじく》を流すような大豪雨となった。かくて哀れにも頼太はそのまま行方知らずになってしまったのである。

この時の洪水で布部川奥の荒神森は、根こそぎにされて押し流され、飯田原の中程にひっかかってしまったので、布部の人々はこの時の洪水を「流れ荒神」ともいっている。もちろん下流の氾濫《はんらん》はおびただしく、能義《のき》平野もために地形を一変したといわれている。

この時の洪水があまりにも物凄かったので、人々は頼次の投げこんだ薬の大蛇が水中にはいると忽ち生気を得、頼太をひと呑みにすると、雲を呼び雷を起こし、大雨を降らして洪水となし、これに乗じて大海に出ようとしたものであろうと思い、これを頼太洪水といって後世に言い伝えた。

〔『広瀬町史』〕

＊1　一説には享保十二年（一七二七）ともいう。
＊2　共に昭和四十三年（一九六八）、布部ダムの完成で水没した。

（―島根県―　酒井董美・坂田友宏・戸塚ひろみ『日本伝説大系』第十一巻）

川もく伝

四万十《しまんと》川《がわ》上流（高知県）での洪水の中で、明治二十三年（一八九〇）九月十七日のが空前絶後のものとなっている。

史実としては各地に残る記念碑や古文書、棟札などに見ることが出来る。その四年前の明治十九年には夏秋にかけて六回も台風が襲来していて、七里の三滝山口にあった七里小学校もその三回目に倒壊している。（七里小学校史より）

その前年、十八年から紙が不足し、その原料である梶《かじ》ソ*一束（三〆三百目）が玄米一俵と同値にまで狂騰した。一方、作物は黒く腐って食料は皆無となった。餓鬼地獄の解決はホゼ（まんじゅしゃげの根瘤）を掘って水洗いし、搗き砕いて流れでさらしアク（微毒性）

を抜いて更に搗き、丸めて蒸して露のような命をつなぎ、ホゼの掘り跡には梶苗を植えた。このホゼ掘りと梶植えのための乱掘乱拓は野山を荒していたが、そこへ十九年の矢つぎ早の時化《しけ》で山は崩れた。ある碑石には「山崩れの跡晴夜の星を見る如く数うる能わず」と彫り込まれている。

崩壊の土砂が川床を埋めて、少しの出水もどこでも勝手に流れるので、田畑の荒廃に追いうちをかけ食糧不足は農耕を怠るようになり、復旧は遅々として進まなかった。植物のタネさえ得られず、それを求めて数日の旅をした者もすくなからずいた。やっと豊作を迎えたのが奇しくも明治二十三年である。農民は勿論、一般の人々も愁眉を開いて取り入れを待ったが、九月に入ると秋ナガセとなった。

その十日に高南台地の一角七子《ななこ》峠付近に集中豪雨が見舞い惨害をもたらしている。(三島神社の棟札より)

十六日の夕刻から更に烈しい雨となり、夜に入ると猛り狂って人々を不安がらせていた。早暁には天地を引裂くような大雷が鳴り、雨は更に降りつのり、夜が明けても「月夜の如く」と書き残されている。また「雨の勢履盆の如し」と八坂神社の棟札に見える。連日の豪雨にこの夜の大降りで水カサは増し、田圃も全部水の底に沈んだ。しかし午前十時すぎから雨は小止みになり、風も西に廻りかけていたし、正午に到ると雲の切れ目から陽の光さえ見えた。水もぐんぐん引いて人々はホッとした。

その頃、ずっと上流の東津野村（現・高岡郡津野町）葉ヶ市の岩土山が七合目から崩れ落ちて、川をせき止めた。下流では魚が手掴み出来るほど水がなくなり、一人でに出来たダムの中では保川さんの家が浮上がり渦巻きにもまれて、「家が上向いて流れる」と叫ばせる有様となった。保川さん一家は人も馬も犬も猫も山に這い上って助かった。上流はるかまで湖となっていたが、正午ごろせきが切れた。一旦切れると土と石と岩でできていたのは忽ち崩れて、濁流は滝つ瀬となって社も家も田も畠もまくり込うで押し流した。

その時、エンコウ薬（河童薬）のある西川角（現・高岡郡四万十町）に井上伝太郎という十一になる子供がいた。昼めしをすますと、父に連れられて沖の駄場にニゴリクミに出かけた。その頃は川魚も沢山いて、忽ち腰づけカゴは一杯になった。父がカゴを空けに帰って、一人川岸にいた伝太郎はタダならぬ轟音を聞き、上流を見ると、濁り水の崖が早い勢いで近づいて来て、アッという間に水の中に叩き込まれた。

生れ育ったのが川辺で、水には馴れていた。水底では息を詰め、浮上すると吸い込み、沈むと徐々に吐くコツを覚えていた。手当り次第に握ったものは厚くて頑丈な番戸板だった。幸い山に突き当った主流は左岸をさらっていたが、伝太郎の番戸板は副流の方で割合ゆるやかに流れ下り、次の山裾では右にくるっと廻って小久保川谷に一旦吸い込まれ、渦巻きは上流に向いて山裾を廻り、氏神様の方に向っていた。その頃、伝太郎だけ川岸に残して家に帰った父は、狂ったように天神様に向って絶叫していた。

「わたしの命は召されて結構ですから、伝を助けて下さい」と。

その伝太郎は天神様の大杉の枝にとりつき、幹をつたい降りてひっかかっているカライモ（さつま芋）のつるを手繰りよせ、ぐっと太っている芋を取って食いながら社殿に入っていた。

川舟が出され、二人の若者が竿さばきもなれたもので、天神様の近くまで見えていた伝太郎を探しに来て、「伝よう、伝はおらんかー」と叫んでいた。

さて社殿の格子戸の間からは、

「おんちゃん等イモを食わんかよ、しょう旨いぜよー」と口のまわりには芋の汁をつけ、体中泥水に浸かり、坊主頭にクモの巣をひっかけた伝太郎が、顔を突き出した。

「伝！」とだけいって、顔をゆがめたシワだらけの父の顔を涙が流れ落ちていた。それを芋を食う口の動きを止めた伝太郎が、不思議なものを見るように目を一杯開けていた。

川の藻屑と一緒に流れて万死に一生を得た伝太郎さんには、いつの間にか川もく伝のシコ名がついた。のちに伝太郎さんは、還暦祝いをして「助命記念碑」（明治二十三年水測標）を建てた。今もそこにあるが、九号台風（昭和三十八年八月）の洪水はこの碑にある水位より四尺五寸も低いと印がつけてある。

＊クワ科の山野に自生する落葉高木で、楮《こうぞ》の一種。和紙の原料となる。

（──高知県── 窪川町方六会「わが町の伝説」『季刊民話』四号）

猿ケ渕の猿聟

毎年のようにおこる鍋倉谷*の水害に鍵掛付近の農民は、ほとほと困りぬいていた。何とかして鍋倉谷に堤防を作ったらとは思うものの、多大の労力と費用がいるのでどうにもならなかった。

ところが、この付近に年を経た一匹の大猿が住んでいた。ある百姓がこの大猿に向かって、何気なく、

「もし堤防を築いてくれれば自分の娘をやってもよいが」

と言った。これを聞いた大猿はそれを確かめるように百姓の顔をしばらく見ていたが、やがてどこへともなく立ち去って行った。

それからしばらく経ったある日、鍵掛の農民たちは立ち騒ぐ猿の声に何事かと来てみると、かの大猿がたくさんの猿族を指図して石を運び、堤防を築きあげているのであった。そして一日二日と経つうちに工事もだんだん進行し、幾月かの後にはついに堤防が完成した。やがて無事取り入れも終って、ほっとくつろいだ晩秋の満月の夜、忽然とかの猿が現われ、かねての約束の履行をせまった。

猿に娘をやろうと約束したかの百姓、何気なく言った言葉ではあるが、こうなってはどうにもならず、三人の娘に事の次第を話し、猿の嫁になるように頼んだが、誰も行こうと言わない。百姓は再び三人の娘に頼み、ついに末の娘が猿の嫁になることになった。そして娘は嫁入りの仕度に、簪《かんざし》と大きな水瓶および古綿を所望した。やがて古綿の一杯つまった水瓶を背負った猿の婿殿と人間の花嫁という世にも奇妙な一組の夫婦は、悲歎にくれる親たちと別れて猿の住家へと出発した。その途中、鍋倉谷の奥にある渕にさしかかったとき、娘はこっそりと例の簪を渕に投げこみ、

「ああ大変だ。お母さんにもらった大切な簪、水の中に落してしまった、早く取って下さい、早く、早く」

とせきたてれば、その大猿、瓶を背にしたままざんぶとばかり水の中にとびこんだ。すると、水はみるみる瓶の中に満ち、もがき苦しむ猿を引きずりこんでしまった。このことがあってよりこの渕を猿ヶ渕と呼ぶようになったという。

〔『郡里町史』〕

＊徳島県美馬市美馬町の鍋倉谷川。

（──徳島県──　下川清・福田晃・松本孝三『日本伝説大系』十二巻）

名主新八と蛇橋

花畑大鷲神社《はなはたおおとり》＊1の北側に、ちょうど袋のような形をして、埼玉県に入りくんだ低地帯があります。この土地を、その形にちなんで桑袋と呼んでいます。

もとは、水田地帯で人家もまばらでしたが、今では、都営の団地や学校までできています。この学校は、桑袋小学校ですが、その北方裏手にある綾瀬《あやせ》川＊2にかかっている橋が、悲しい言い伝えのある〝蛇橋〟です。

綾瀬川は、蛇橋の下から内匠《たくみ》橋を経て、小菅《こすげ》方面へ向けて真っ直ぐに流れています。

当時、この小菅、今の東京拘置所のあるあたりには、〝小菅御殿〟と呼ばれた将軍家の屋敷がありました。

そこで、大雨が降ったおりなどに、小菅御殿が水浸しになってはおそれおおいということで、綾瀬川の水を以前の流路どおりに古利根川に流すよう、その南側に堤防を築いてしまいました。

ところが、ある夏のこと、大雨が降り続いて、川を隔てた埼玉の大曾根以北の村々が、上流から押し寄せる濁流にのまれるばかりになりました。

この様子を見た大曾根村の名主新八という人が、村民の危急を救ってやろうと、この堤防を破壊して、水を小菅方面へ流すことを決意しました。

しかし、残念なことに、このくわだても事前に察知されてしまい、下流村民の襲撃を受け堤防上で命を落としてしまいました。

そうしているうちに、新八のくわだてが幕府の役人の耳に入り、家が断絶という重い罪に処せられました。

新八の母親は、息子は殺され、そのうえ家は断絶という悲しいめにあって、生きた心地がしませんでした。

この地を去るにさいして、せめて一目でも息子の最期の場所を見ておこうと、堤防の上に立って涙にくれていました。

すると、急に「新八や、蛇になれ」と叫びだし、髪をふり乱しながら堤防上をさまよいだしました。そして、ついには濁流の中に身を投じて死んでしまいました。

その後、村人がこの場所を通ろうとすると、大木が横たわっていて、それが、急に蛇に変わって、動き出すのを何度か見ました。村人は、これは新八母子のせいだと、驚きかつ恐れて、そのあたりに二つの石碑をたてて供養をしました。

すると、それからというものは、そのような不思議なできごとは見られなくなりました。

以後、この地にかけられた橋を、いつとはなしに〝蛇橋〟と呼ぶようになったとのことです。

＊1　東京都足立区花畑。
＊2　綾瀬川は、もと内匠橋の北方約三十メートルほどの地点で左折して、六木付近で古利根川（現中川）に流入していた。それが、寛永年間（一六二四～一六四三）に、小菅方面へ直流するように改修された。したがって、このお話は、改修されてからのことだと考えられる。

（―東京都―　加藤敏夫編『足立百の語り伝え』）

【飢饉】

享保・天明・天保の江戸期三大飢饉のうち天保の飢饉は天保4年（1833）から天保10年（1839）まで続いた。名古屋広小路に設けられた「施行小屋」では焚き出しの粥と米を施している。『凶荒図録』（小田切春江編、1885年刊）。

水かみの飢きん魔

あけくれの、きれいな雲がかかる山城に、うつくしい女神の手にそだてられ、そのひとを「姉うえ」とよびながら、オキクルミは、大きくなりました。オキクルミは、姉神がぬいとりをしているかたわらで、あいもかわらず、宝ものをほったり、刀のさやじりをけずったりして、のんきにくらしていました。

ところが、ある日、オキクルミが、窓からそとをながめていますと、姉神が、枡《ます》のようなものをもって、里に下りて行くのが見えました。それから、何日かたつと、こんどは、箕《み》のようなものをもって出かけて行くのを見ました。オキクルミは、姉神が、なにをしているんだろう、といぶかりましたが、だまっていました。すると、つぎには、姉神が、ひしゃくのようなものをもって、出かけて行くのが見えました。そうして、里からかえって来たときの姉神は、目のふちを泣きはらして、しんぱいそうに、考えこんでいました。

オキクルミは、とうとう、しんぼうが出来なくなって、

「姉うえさま、どうなされたのですか。里に、なにか、しんぱいごとでも出来たのでしょうか」

とたずねました。

姉神は、じいっと、弟神の顔をみつめていましたが、ふかい、ためいきをして、はじめて、わけを話しました。

「いとしい、わが神よ。それならば、わたしのいうことをよっくきいてください。おん身は、このごろ、わたしのしていることを見て、しっているでしょう。じつは、この島に、飢きん魔がたちあらわれて、いたずらをはじめたのです。そのために、アイヌ・モシリ（大地）には、食べものがたえ、人間たちが、なんぎをしているのです。わたしは、すこしでも、それをすくおうと、毎日、桝や、箕や、ひしゃくで、食べものをはこんでいましたが、あく魔は、なかなか、退散しません。いつまでも、川の水かみに、くるみのくいを打ちつらね

て、くるみの実のしるをながしています。そのために、川の魚も死にたえました。野や山には、くるみの矢をたえずはなっています。そのために、鹿も死にたえてしまいました」

それをきいて、オキクルミは、

「にくい、にくい、あく魔ですね。けれども、姉うえさま、もう、安心してください。わたしが行って、きっと、たいじしてやります」

といって、姉神をなぐさめました。

姉神は、うれしそうに、目をかがやかして、

「ああ、ほんとうに、そうしてくれますか。弟神よ、ありがとう。じつをいえば、あの強いあく魔をたいじ出来るのは、おん身のほかにはないと、神々も、里人たちも、みんな、そう考えたのですが、わたしには、おん身は、まだ、ほんの子どものようにしかおもえないので、いままで、いい出しかねていたのです。いま、おん身が、じぶんからすすんで、そういってくれたので、わたしは、ほんとうに、ほっとしました」

と、よろこびましたが、ふと、こんどは、しんぱいそうになって、

「けれども、あいては、つよい、つよい、あく魔ですから、もしも、おん身にまちがいで

もあったら、どうしましょう」

といいました。オキクルミは、にっこり笑って、

「姉うえさま、ごしんぱいはいりません。わたしとて、いつまでも、はなたれ坊やでありませんよ」

と、かえって、姉神を元気づけました。

それで、姉神も、いつものような、げんきな、うつくしいひとになって、オキクルミの出陣のために、かぶとや、よろいや、太刀やらを、とりそろえてくれました。オキクルミは、うすづくりのかぶとをかむり、神のよろいをつけ、こがねの太刀をたばさみ、草おりのきゃはんをはいて、すっかり、身づくろいをしました。そのすがたを、姉神は、いまさらのように、しげしげ、ながめながら、

「まあ、りっぱなこと。いつのまに、こんなに、大きくなったのでしょう」

とかんたんしました。

○

やがて、山城をたびたったオキクルミは、折からのそよ風に、ひらりとのって、銀いろ

にひかる里川ぞいに、どこまでも、どこまでも、のぼって行きました。

するると、あるときは、雲のあいだをつきぬけて、あるときは、野や山をゆるがして、どろろん、どろろんという、ぶきみなひびきがきこえて来ました。オキクルミは、あれだな、あれがあく魔がくいを打つ音だな、とさっして、音をたよりに、なおも水かみして、いそぎました。行って見ると、はたして、雲つくような巨魔が、くるみのやなぐいを、林のようにならべて打ちこみ、くるみの実のしるを、どんどんながしていました。そのために、川には、魚の死がいが、かれ葉のように、いっぱい、うかんで、ただよっていました。また、見わたすかぎりの野や山には、くるみの矢が、水しぶきのように、ふりそそいで、鹿の死がいが、くち木のように、ころがっていました。

それを見て、オキクルミは、火のようにおこって、あく魔の打ちこんだくいを、かたっぱしから、ひっこぬきはじめました。それに気づいたあく魔は、目をたらいのようにしておこり、舟のかいほどある山刀をふりかむって、きりかかって来ました。オキクルミは、それをこがねの太刀でうけとめ、ぎゃくに、こっちから、じりじりとおいつめて行きました。しかし、ここぞと、まっこうから、きりこむと、あく魔の海草のようなかみの毛が、どどっと、波のようにうねりながら、オキクルミの刀をまきとろうとします。ひるもたたかい、夜もたたかい、三日、三晩、まる六日、たたかいましたが、そのうち、さすがのあく魔も、すこしずつ、つかれが見えて来て、だんだんあやうくなりました。

するとと、いままでどこにひそんでいたのか、あちらこちらから、あか鬼や、あお鬼があらわれて、あく魔にすけだちをしました。鬼どもは、くろ雲や、むら雲を、もうもうとわきたたせ、闇に身をかくして、オキクルミをねらいました。しかし、オキクルミは、すこしもひるまず、こがねの太刀さきの光をたよりに、闇をかいくぐりながら、鬼どもと、たたかいをつづけました。あく魔も、いまは、みかたをえたので、すっかり、気がつよくなって、でっかい山刀をふりかざして、ぎゃくしゅうして来ました。あか鬼、あお鬼どもは、それっとばかりに、オキクルミをとりかこんで、雲をふっかけたり、風をふっかけたりして、苦しめました。

そのとき、はるか、地上のかなたから、わあっ、わあっ、というかん声がきこえて来ました。それは、人間界のしゅうちょうたちが、オキクルミに力をかそうと、かけつけて来たのでした。しゅうちょうたちは、みんな、太刀をぬきつらね、たかく、たかくふりかざして、力足をふみました。林のように、ずらりとならんだ太刀のひかりは、たいまつのようにかがやいて、闇を明るくてらしました。ことの意外に鬼どもは、あわてふためいて、まごつきました。そのちょっとのすきをねらって、オキクルミのするどい刀さきは、鬼どもを、さっと、ひとなでに、なでぎりにしました。それから、あく魔と、一騎打になりました。みかたを、みなごろしにされたあく魔は、もう、やぶれかぶれ、いきなり、山刀をなげすてて、むんずと、オキクルミにくみついて来ました。オキクルミは、がっちりと、それを両手でうけとめ、たかだかと頭上までもちあげ、岩かどをめがけて、力いっぱいになげつけました。あく魔は、うんと、一声うなって、息がたえ、岩もろとも、がらっがらっと大音きょうをたてて、地ごくの谷底に落ちて行きました。

すると、いままで、灰いろににごっていた川の水が、きれいにすんで、野や山の草は、青あおともえはじめました。それから、川には、もとのように、魚があふれ、野や山には、鹿がむらがりつどうようになったことは、いうまでもありません。

（―北海道― 金田一京助・荒木田家壽『アイヌ童話集』）

へびのだいもじ

天保の飢渇《けがつ》（一八三三年～一八三九年まで続いた）の時、槻沢《つきざわ》（岩手県和賀郡西和賀町）にあったことだ。父《とど》と母《あば》と三人の子どもの五人家族、食えるものはみな食て、家の中になんにもねャ。山さ行ったって何もねャ。もう腹へって親子いっしょに死ぬばかりだ。

「わらしゃだ（子どもら）、腹へったまま殺すのァ、むぞいナァ（かわいそうだ）。毒でもえがら腹いっぺャくわせで死なせでャナァ」

こう話し合った両親は、山に行って、毒だといってだれも取らないへびのだいもじ（てんなんしょう）*の根っこ、いっぱい掘ってきたけド。

「これ、鍋さいっぱい芋いれでらがら、よく煮えだら、けんかしねャでくえよ。おら山さ行ってくるがらナ。よぐ煮えだらくんだゾ」。

何日もろくなもの口に入れていない子どもらは、鍋いっぱいの芋をくえると思って、「うん」「うん」「みな食ってえのが」といってよろこんだ。子ども達のよろこぶ顔を見た両親は、心の中で「これが最後の見おさめだ」「腹いっぱい食って死ねョ」心の中でそういいながら重い足どりで山へ向かった。山で二人とも命を絶とうと心に決めていたのだ。

子どもは、さあ早く芋を煮て食おうと火をたきだした。「早く煮えろ、早く煮えろ」。今より早く煮えろと火をたいた。「もう煮だでねャが」おとな達がやるように、炉の灰にさささっている火箸で、芋をつっついてみたがまだかたい。ちょっとして、「まだだべが」とさしたがまだかたい。ちょっとして「こんどこそえかべ」とさしたが、まだ少しかたい。何回も何回もくりかえしているうちに炉の灰がこだくさんに入ったが、それどころでない。「やっ煮だぞ」、子どもたちは、口がやけるようなのもかまわず、かぶりついた。食った、食った、三つも四つも五つも十も「うめャがった」。何日ぶりかで腹いっぱい食った子どもらは、キャッキャッとさわぎながら遊びふざけた。

「父と母、まだ帰ってこねャべが」あたりはそろそろ暗くなりかけていた。

一方、山を死に場所ときめて、そこに来た二人であったが、子どもに対する未練はまだ残っていた。「子ども達の死に顔見でがら死にでゃもんだなァ」こう思いなおした二人は、すきっ腹でふらふらする足を引きずって、我が家をめざした。

山を下りてきて木の葉がくれに我が家を見ると、かすかにたき火のあかりが見える。「ありゃ、おがしねゃなァ」少し足を早めて家に近づくと、家の中からキャッキャッとにぎやかな子どもたちの声がきこえる。

「どういうわげだべ」「芋食わねゃがったべが」二人は顔を見合わせて頭をかしげた。大急ぎで家に入った両親は「芋食わねがったが？」「食った食った、腹いっぺゃ食った」「うめゃばりうめゃがった」。

へびのだいもじの芋は食ったが、毒は灰で消されてなくなり、うめゃばりうめゃがったのだ。死ぬことをやめた五人は、何としても生きるんだとがんばり続け、長生きしたということ……。

＊てんなんしょう＝天南星　多年草でサトイモ科に属し、北海道から沖縄まで全国的に分布。球根は有毒なものがある。

（―岩手県―　相沢史郎「民話・生の民衆史」『民話と文学』十七号）

遠野の飢饉の話

――たびたび襲った飢饉――

江戸時代、遠野（岩手県）は三年に一度は凶作・大凶作に見舞われたといわれています。その中でも、南部藩の四大飢饉といわれるのは、元禄八年（一六九五）、宝暦五年（一七五五）、天明四年（一七八四）、天保四年（一八三三）です。

遠野に今も残る「飢饉の碑」（松崎町光興寺）があります。これは、宝暦の飢饉の餓死者を供養するための供養碑で、宝暦七年（一七五七年）に建てられたものです。石碑には「宝暦七丑年飢渇死有無縁精霊」と刻まれています。飢饉供養塔は多くありますが、このようにはっきりと「飢渇死」とかいてあるのは、ここだけだそうです。

宝暦の飢饉の被害は甚大で、なんと遠野の人口の約三割にあたる四千三百名ほどの死者がいたといわれています。人口の約三割もの人が飢えてなくなる……想像を絶する痛ましい話です。

また、遠野の観光地の一つになっている五百羅漢（綾織町新滝）は、訪れる人の多い印象的な場所の一つです。

五百羅漢は、天明年間（一七八一年～一七八九年）に大慈寺の義山和尚が、飢饉の死者を供養するために刻んだといわれています。一人の和尚様が五百にものぼる自然石の一つ一つに、仏様の姿を彫ったのです。今は、林の中でひっそりと訪れる人を迎えてくれますが、どの石も苔むしています。でも、よく見るとどの石にも仏様の姿をはっきりと確認することができ、その姿を拝むことができます。

これらの史蹟から、遠野の飢饉の悲惨さや人々の苦悩が伝わってきます。このような地であったからこそ、「郭公と時鳥」のような昔話が生まれたのです。

郭公《かっこう》と時鳥《ほととぎす》

むがすあったずもな。

あるどごさ姉ど妹の姉妹《きょうでぃ》まり、いだったずもな。

まんつびんぼうでな、なんぼでも食うたすにすんべっと、ふたりはいっつも山さ行って、栗だどが茸だどが、採っていだったんだど。

ある飢饉《がすどす》年の、とりわけ食い物の無え時だったず。

ふたりはいっつものように、山さ行ったんだと。そしてば、たった一本だったずども、ぺっこな芋掘れだんだど。

ふたりは、腹へって腹へっておよばねがったがらな、枯草を集めで、芋焼いだず。

焼ぎあがって、それを分げる時、姉、われなんぼでも年上だど思って、われは芋の外がわの堅くてうんめぐねぇどごを食って、妹さば、中の方のほっかほかどした、軟らかくてうんめえどごを食しぇだんだど。

ほだども妹の方、そんたなごど考えもおよばねもな。ガッツガッツど芋食ってがら、

「なんたらうんめえごど。おれ食ったのでせぇ、こんたにうんめぇもの、姉っこ、おれよりも、もっとうんめぇどご、食ったんだべな」ど考えだず。そごで、妹はな、姉っこさ、「姉っこ、おれよりも、もっとうんめぇどご食ったんだべな」って言ってば、姉っこ、「ほでね、おれガンコ（堅いところ）のうんめぐねぇどご食った。お前さば、中がわのうんめぇどご、食しぇだんだじぇ」って言ったず。ほだども、妹、本当にすねがったずもな。「そったなはずね。姉っこ、おれよりもうんめぇどご食ったべ」

「ほでね、おれ、ガンコのうんめぐねぇどご食ったでば」

姉っこが、なんぼ言っても、妹、本当にすんねんだど。それどごろが、妹、やおら包丁を手さ取って、

「姉っこ、うんめぇどご食ったべ」って、叫びながら、姉っこさ包丁かげだんだど。

そしてば、姉っこの腹にはガンコばりあったずもな。それ見で、妹、

「さでは、姉っこ、おれさばりうんめぇどご、食しぇでらったんだな」ど、さどったず。

その後、姉っこは「ガンコ」「ガンコ」と啼く鳥っこになったずす、妹は、姉さ包丁かげだごどをくやんでくやんで、「包丁かげだ〜包丁かげだ〜」と啼く鳥っこになったんだど。

ほだがら、遠野の人だぢは今でも、時鳥を「包丁かげ」ってよぶんだどさ。
どんどはれ

［再話　大平悦子］

赤い顔の河童

飢饉を伝える話は他にもあります。遠野は河童の話でよく知られるところですが、遠野の河童は、他の地域と色がちがうといわれています。遠野の河童は、赤いのです。このことは柳田國男『遠野物語（59）』に次のように書かれています。

「外の地にては河童の顔は青しといふやうなれど、遠野の河童は面の色赤きなり。佐々木氏の曾祖母、稚かりし頃友だちと庭にて遊びてありしに、三本ばかりある胡桃の木の間より、真赤なる顔したる男の子の顔見えたり。これは河童なりしとなり。……」

河童の顔が赤いことについて、郷土史研究者の鈴木重三は「江戸時代の飢饉時、口減らしのためにやむなく親などに河原で殺された幼子が河童になる。……」（遠野学叢書12「遠野の河童」）と考察しています。飢饉の時の口減らしの幼子が河童であり、それゆえ顔が赤いというわけです。

この他、若い女性や小さな女の子がふいに姿を消す神隠しの話が、いくつもありますが、これも実は生活苦に耐えかねて娘を子買いに売った話でもあったと言われています。

（―岩手県―　大平悦子「私が語る遠野の飢饉の話」『語りの世界』六十九号）

馬追鳥

馬追鳥《うまおいどり》は時鳥《ほととぎす》に似て少し大きく、羽の色は赤に茶を帯び、肩には馬の綱のようなる縞《しま》あり。胸のあたりにはクツゴコ*のようなるかたあり。これもある長者が家の奉公人、山へ馬を放しに行き、家に帰らんとするに一匹不足せり。夜通しこれを求めあるきしがついにこの鳥となる。アーホー、アーホーと啼くはこの地方にて野におる馬を追う声なり。年により馬追鳥里に来て啼くことあるは飢饉の前兆なり。深山には常に住みて啼く声を聞くなり。

（—岩手県—　柳田國男『遠野物語』）

*クツゴコは馬の口に嵌める網の袋。口籠。

青森のけがづ鳥

山鳩の不孝

むかし、けがづ（飢饉）で、だんだん食うものがなぐなった。あるどごになんぼけがづでも、御馳走にでもと思って、テデァ（父親）ソバジ（そば畑）ふみさ行ったので、アッパ（母親）は煎粉こしらえで、子供サ持だへでやった。

子供はセゲコ（小溝）渡るべァど思って、見だずば、水の中に雑魚が沢山いだ。これを見た子供ァ、わっぱ（曲物）に入れた煎粉を、その雑魚サ、ぼやぼやーど呉《け》だ（くれた）。雑魚ァどァ、競って食うので、面白がって呉《け》でいだ。気ァついて、テデァどごさ行ぐべァど思って、わっぱ見だ時ァ、二口三口しか粉がのこっていなかった。

急いでテデの居るそば畑へ行ったぢば、デデァ、腹へって死んでいだぢ。驚いた子供ァ「テデァ、デデァ」と叫んでも返事もしないぢ。子供ァ、「テデァ粉食えと、アッパへった」といって泣きつづけた。

そして血を吐いで死んだ。その死骸から魂が山鳩になってとび、テデを探しながら、「テデ、コ、ケイ、アッパァヘッタァ、テデ、コ、ケイ、アッパヘッタァ」となき、時々「スマナスマナ」と頭を下げて鳴いているのだという。

その血を吐いだ畑さ、そばを蒔いだら、血に染ってあんなにそばの茎が赤くなった。そしてまたアッパ一人で涙ながら蒔いだ為、そばの実は三角で、粉にする前、テデとワラシのタマス（魂）を取らないば、はら病むぢ。

そのそばのタマス（から）を枕さ入れれば、頭も痛めないぢし、丈夫ねなるぢ。

［「八戸市櫛引の話」話・伊藤徳松の婆様　採話・神代忠治］

てで、粉食《こけ》え

けがづ（飢饉）の時であった。父《てで》は食物を取らない軀で鋤踏みに出ていた。母《あっぱ》はこ丶、丶うせ丶、丶い丶、丶んを搗《つ》いて、昼飯の代りに子供に持たせてやった。子供が小川を渡りしなにこ丶、丶う丶、丶せ丶、丶ん丶、丶がまがって流れに入った。すると、もやーと中の雑魚が浮いて来て食った。面白かった。又やった。もやーと浮いて来た。こうしているうちに畑の父は餓死していた。

「父《てで》ァ、粉食え、父ァ粉食え、あっぱァ搗《つ》ーだァ」

と泣き叫んでいるうちに鳩になった。

〔三戸郡南郷村中沢の話　採話・小井川靖夫〕

鳩の親子

むかし、ひどいけがづ（飢饉）の時、鳩の親子は食べるものかなく、病気の父親をかかえて、今日も食物を探し、夕方近く、二三粒ほどの穀物の粉が落ちているのを見つけ、すばやく拾って家に帰ってきたが、父親は子供の帰るのを待ちきれず死んでいた。子鳩は悲

しんで、何べんも、

「てで、粉食ェ、てで、こ、け」

と鳴いてとんでいるのだと。

［弘前市の話　話・斎藤タカ　採話・斎藤正］
（―青森県―　川合勇太郎『青森県の昔話』）

がしん年[*1]

昔から笹に実が生《な》ると、世の中が悪いしらせじゃと言い伝えがある。

夏中雨ばかり降ったり、雹《ひょう》が降ったりして、米のとれぬ年が続いた。そのため乞食が方々から流れ込んで来るので、お粥をたいておいて一杯ずつ食べさせたが、何杯でも欲しがるので、

「食べたら行かっしゃいえ」

と言って、背中を押すことじゃったそうな。山奥では、〝ほや[*2]〟というものを餅にして食べたそうなが、ほやは腹の虫をおさえるだけで、あんまり食べると、目の玉がとんで出るということじゃ。そんな時はこの辺でも稗《ひえ》の粉団子と言うて、稗の糠《ぬか》にいりご（屑米）

の粉を混ぜて団子を造って食べる者がいくらでもあった。

米のお飯は、盆か、正月か、葬式の時ぐらいで、町の旦那衆へ年貢米を納めに行くと、米のお飯がよばれられるというので、子供達まで車のあと押しや綱曳きをしてついて行ったもんじゃ。

＊1　餓死の訛。
＊2　栗の木などに寄生する植物。

（―岐阜県―　小鷹ふさ『飛驒のかたりべ　ぬい女物語』）

奈古《なご》のお伊勢様

山口県阿武郡阿武町奈古の筒尾嶽に鎮座する高嶺神社は、一般に「お伊勢様」と親しんで呼ばれている。この社のある山はもともとワラビがよく生え、春の彼岸過ぎにはワラビ取りに出かける人が多い。

昔、ある年、この付近一帯が非常な不作で飢饉となり、村人たちが食べられる物を求めてこの山に草や木の根を探し歩いていたところ、山上に一人の白髪白髯《はくはつはくぜん》白衣の老人があらわれ、村人にワラビの根を砕いて搗けば食物になることを教え、「自分は天降ってこの社に宿せるもの」と告げて姿を消したという。

それがいわゆる「わらびのせん」というもので、村人たちはこのときにはじめてこれを食べることを知ったが、そのために無事飢饉に耐えることができたのであった。以来、村人たちは「お伊勢様」といって、一層敬慕の念を深くするようになったといわれている。

（―山口県―　松岡利夫『長門周防の伝説』）

天保の飢きん

天保といやあ、今から百五十年ばあ前のことだが、大洪水や大干天がつづいて不作の年が多かったそうな。

天保三年（一八三二）には大干天が八十四日もつづいて、山野の草木や農作物は枯れ果ててしまうやら、また長雨で稲作はウンカにやられ、収穫がひとつものうなって、百姓は失望のどん底に落ち、飢之にあえぎ、地獄さながらだったと。

古老が天保年間に、百日照った年には種ばああったが、百日雨が降った年には腐ってしもうて、なっちゃ（なんにも）なかったよと、よう言いよったがのう。

飢きんに備えて倉へ貯蔵しちょいた、わずかの米や雑穀も、打ちつづく天災には百姓たちは食いつくして、山野をかけ廻り、草木の根や木の実をさがして、飢えをしのいだそうな。

天保二年には、鈴竹には実がなって、これをいってコンコ（粉）にして食べたと。

この年から百年目にあたる昭和七年（一九三二）にも、凶作で鳥形山のヘダで鈴竹の実をとり、コンゴにして食べたもんよ。

作物の不作どきは、山野に自生するワラビやクズの根からとったカネ（澱粉）、ホゼ（彼岸花の球根）をモチにしてよう食べたそうな。

わしらが子供の頃、大正の初年（一九一二）、ワラビやクズの根から澱粉を作っておいたら、行商人が買いに来たもんよ。

太平洋戦争のとき、食糧が不足で、ホゼの毒素を抜くため、谷でようさらしよった。

「役場のもんも、ちったあ（少しは）来て、ホゼを食べてみいや」

悲痛な村びとの願いだったので、役場吏員のわしも食べたが、食えるようなもんじゃなかった。そうかというて配給制度で、助ける術もなかった。

天保には、カシ、ナラ、トゼ（天保梨）、山芋、トロロなど、山野の食用になるもんはみんな食いつくし、人びとは栄養失調と、日々の食糧さがしで疲労し、病気と飢で餓死するものさえあったと。

今ごろテレビで、アフリカの飢えた人びとを見るようなものじゃったろう。むごうて（可哀そうで）涙が出らあよ。

（——高知県—— 市原麟一郎『四万十民話の里めぐり』）

小便莚

古い年寄り（徳島県三好郡東みよし町）が言いよったわいな、「昔の飢饉の時には小便《しょうべん》莚《むしろ》を叩《たた》いて粉にして食うた。そうやって塩分も取り、飢えも凌《しの》いだ」とかな。小便莚いうたら、小便をする所《とこ》の前に垂らしてある莚のことじゃ。小便が散って浸み込んどるわな。それを食べたという。

マンジュサゲ（彼岸花）やタンポポの根を掘って食べたり、樫《かし》や楢《なら》の実なんか山の木の実という木の実は皆食べとるらしい。搗《つ》いて餅《もち》にしたりしてな。栗は今でも食べるけど。

この奥の谷に「赤子淵《あかごぶち》」という淵があってな、その頃の話じゃろう、「よう育てん」というて赤子《あかご》をその淵へ捨てたという言い伝えがあるな。

うちの家のすぐ西が「船底《ふなぞこ》」という地名じゃがな。昔は船着き場だったと聞いとる。その頃は吉野川はずっと南流していたんだろうな。吉野川は暴れ川で、大水が出る度に流れを変えよった。氾濫原は藪で、鹿が走っていて、うちにも最近まで鹿の角があった。物を吊《つ》り下げるカギに使っていた。今のように吉野川の両方の平地部がきれいな耕地になったのは、堤防が出来てからのことでね。昔は、田畑は山裾の狭い所にあったんだろうな。

［一九九四年十二月六日採話］

小便莚を食べた話は興味深い。『日本残酷物語』*は「伊那谷の窮民」のところで次のように記している。囲炉裏《いろり》の周りに敷いた莚《むしろ》の中で、「嬶座《かかざ》」のが一番旨《うま》かったという。それは嬶《かか》が一番長くそこへ座っているので、煮炊きのこぼれ汁などで塩分が沁《し》みこんでいるからだという、と。

長野県伊那谷では飢饉の時、嬶座の莚が重宝されたことが分かる。同書にまた次のようにある。「昔のガシ（飢饉）のときにはワラビや葛根《かんね》も掘って食べました。いよいよやれぬときには、勝手の藁莚《わらむしろ》の古うてぼろぼろになったのなら、塩気がしみこんでおって食べてみられたそうで、云々」と。これは島根県日原村《にちはら》（現・津和野町）の老人の話。莚を食べた話は、これまでに徳島県の三好市、つるぎ町、神山町、吉野川市でも聞いてきた。飢饉の折りに莚を食べたことが特別でなかったことが分かる。

＊『日本残酷物語』（平凡社刊）は、宮本常一・山代巴らの監修によるもの。一九五九年から一九七二年まで五部で刊行された。

（―徳島県―　渡辺裕二『ひもじかった頃の記憶―聞き書き四国―』）

けがち話

けがち（凶作）ば語るとなっど、なに言《ゆ》たて天明の飢饉（一七二八年〜一七八八年）が一番ひどぇべ。

この辺だて、どさ行っても袋担ぎもならなえどごろが、八升の籾殻《ぬが》三合になるまで石臼で搗いで、腹の足しにしたもんだていうし、自在鈎《かぎのはな》さ溜まった煤《すす》まではだけて（きれいに拾い集めて）、煎じて飲んだじゅごんだ。

道端さビッキ草（オオバコ）など一本もなぐなたっけさげ、食える草なら採て食いつくしてしまたんだろな。

或所《あっど》さ、ごっつぐ婆さま居でだど、米粒三粒見つけで、誰ちゃも教《おえ》なえで、裁縫箱さひそませでおいだけど、あまり大事にしまい過ぎで、見《め》なぐしたじょんは。困《こま》たども他人にはきがれねぇごどだし、何もかがわりもなぇ嫁こさなの、あだりちらしてんなだけど。

（―山形県―　武田正編『安楽城の伝承』㈠）

チュウチュウドンブリ

むかしむかし長崎の港に、多くの鼠が住んで居た。

ひどい飢饉の年に難儀をして、もしか薩摩へでも行ったら食物が得られようかと、大勢打揃うて舟に乗り、岬を廻り廻って不知火《しらぬい》の海へ漕ぎ出した。

そうすると、遥か向うの方から、薩摩の国の鼠たちが、これもあんまり世の中が悪いので、長崎へ行けば少しは食う物があるかも知れぬと、一同相談をして舟を漕いで遣って来た。

長崎の鼠の舟と、薩摩の鼠の舟とが、海のまん中で出会うて、互いに声を掛けて何処へ行くのかと尋ねる。そうして詳しく双方の様子を話し合って、それでは折角渡って行く甲斐も無い。いっそ此海へ入って死んだ方がよいと言って、先ず長崎の鼠が一匹、チュウチュウと泣いてドンブリと海に飛び込む。

そうすると、今度は薩摩の鼠が一匹、チュウチュウと泣いてドンブリと舟から身を投げる。その次には長崎の方の鼠が又、一つ、チュウチュウと泣きながらドンブリと飛び込む。

……


（―長崎県―　柳田國男『昔話と文学』）

解説

大島廣志

疫病

一九九五年の阪神・淡路大震災、二〇一一年の東日本大震災、二〇一四年の広島土砂災害、二〇一六年の熊本地震、二〇一八年の西日本豪雨、二〇二〇年・二一年の新型コロナウイルス禍など、近年の日本列島は大きな災いが続いている。しかし、これは今に限ったことではない。古代から現在まで災いは日本列島を襲っていた。

その災いを人々は伝説や世間話や昔話やことわざとして後世に語り継いできた。それは文字を持たなかった人々が、語り継ぐことによって災いを予見し、災いを避け、災いを記憶し、命を守るためにどうしたらよいかという災い危機管理の一つの方法であったのである。

紙製の護符

冒頭の「蘇民将来」は、遠来の神が疫病をもたらすものであり、その神を援助した人間及び子孫は疫病から免れるという構造で、日本の疫病譚の中でももっとも重要な話といえる。

東北地方から九州地方まで、疫病除けの「蘇民将来」の護符や角柱を配る神社仏閣は一五〇近くあり、京都市の八坂神社、長野県上田市の信濃国分寺八日堂、岩手県奥州市の黒石寺（蘇民祭の寺）などがよく知られている。紙製の護符には「蘇民将来子孫也」とか「蘇民将来子孫之門」と書かれていて、戸口に貼っておくと疫病退散の呪いとなる。六角柱もしくは八角柱の木製のものには紐がついて帯に下げるようになっているものもある。八世紀の長岡京跡から「蘇民将来」の木簡が発見されているので、「蘇民将来」伝説は八世紀には語られていたと考えられ、長い間にわたって日本人の疫病を退散させる役割を担っていたのである。

鹿児島県奄美大島の「疫病神」、徳之島の「ハシカの神様」、北海道の「疱瘡神の伝説」、「東京檜原村の疫病」、香川県の「熱の神」、岩手県の「疫病神とだぢんつけ」など、疱瘡やハシカなどを含む感染症は、「蘇民将来」伝説と同じく遠くの地から村々へやってくるというモチーフを持つ。同時に、感染症の神は姿をやつし、いつ、どこにでも現われることを昔話や伝説が語っているといえる。

実際に疫病を防ぐ行事は各地に残っている。岩手県和賀郡西和賀町白木野では「白木野人形送り」といって、毎年一月一九日に疫病神を背負わせた大きなワラ人形を作り、村境の木にくくりつける。巨大な男根を持ったワラ人形の威力によって疫病を寄せつけないためである。福島県田村市船引町では「お人形さま」といって、身の丈四メートルの巨大なワラ人形を作り、村の三ヵ所においている。疫病退散のために江戸時代から続いている行事だという。こうした行事の具体例として「病送り」はたいへん貴重な口伝え資料といえる。

「クダベ」の画を写すと疫病を防げるというのは「一笑すべし」と三田村鳶魚《えんぎょ》は記している。しかし、世の中には疫病退散のために画を信じる人は多かったのである。一八五八年（安政五年）、江戸ではコレラが大流行した。コレラはコロリといわれて、コロリ退治の「白沢《はくたく》の図」を枕の下において寝れば邪気を断つというので「白沢の図」が売られていた（『江戸の大変〈天の巻〉』平凡社　一九九五）。〝白沢〟は目が六つ、角が六本ある想像上の聖獣で、黄帝（中国医学の始祖）に病気について教えたといわれている。一八一九年（文政二）にコロリが流行したときには妖怪神社姫の画を写して見れ

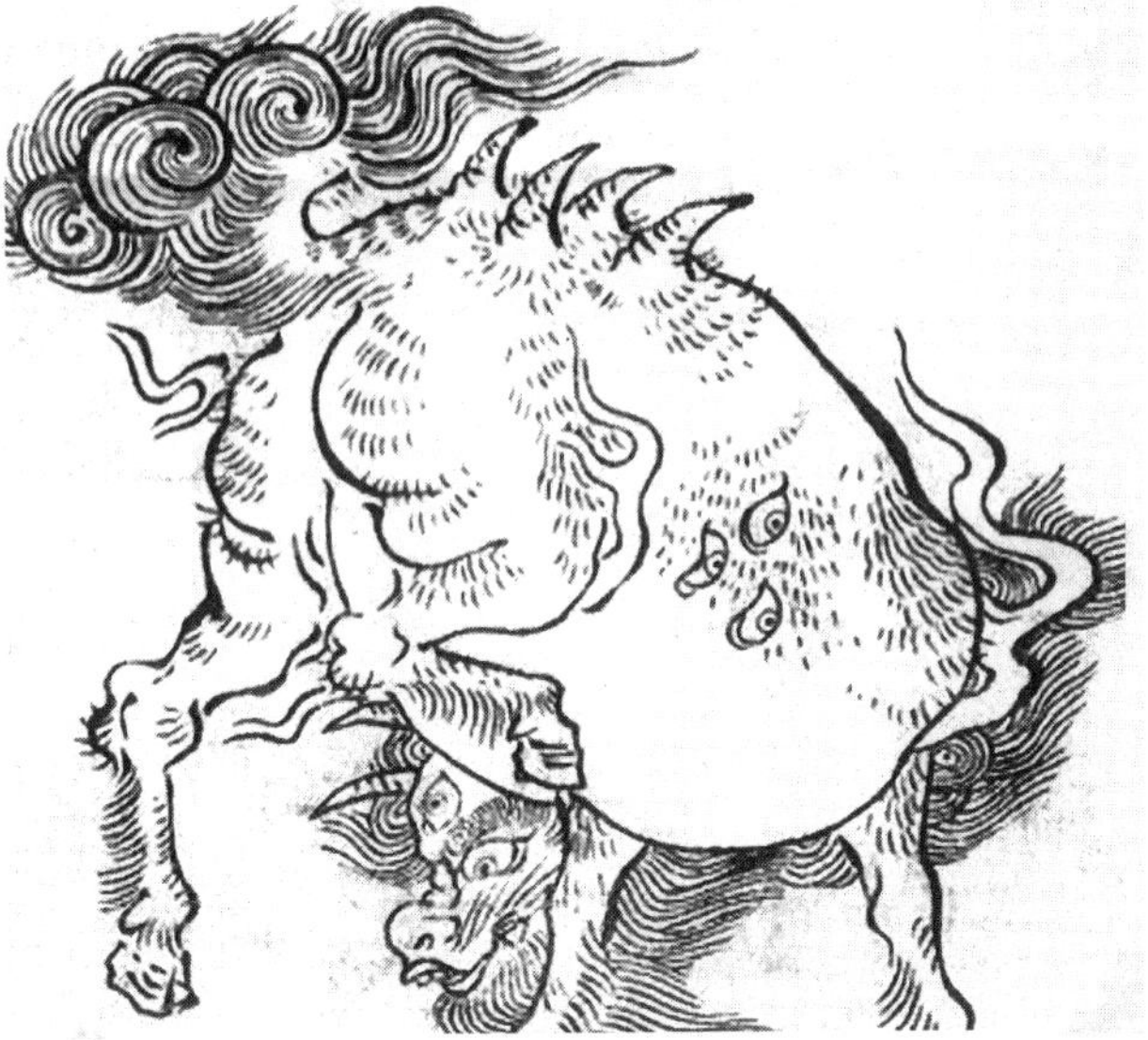

「白沢の図」（鳥山石燕『今昔百鬼拾遺』）

ば疫病退散に効果があるということが広まった。

二〇二〇年、二一年に世界的大流行となった新型コロナウイルスに感染しないため、九州熊本の「アマビエ」という病魔除けがさまざまな形で日本中に広まった。この「アマビエ」も「蘇民将来子孫之門」や「白沢の図」と同じく、疫病を退散させたいという人々の願いが生み出したものである。

疱瘡についての話もアイヌをはじめ全国に少なくない。疱瘡神を助けた人物の家は疱瘡から免かれ、この家で配る護符を門口に貼っておくと疱瘡の病いにかからないと伝えている。その一

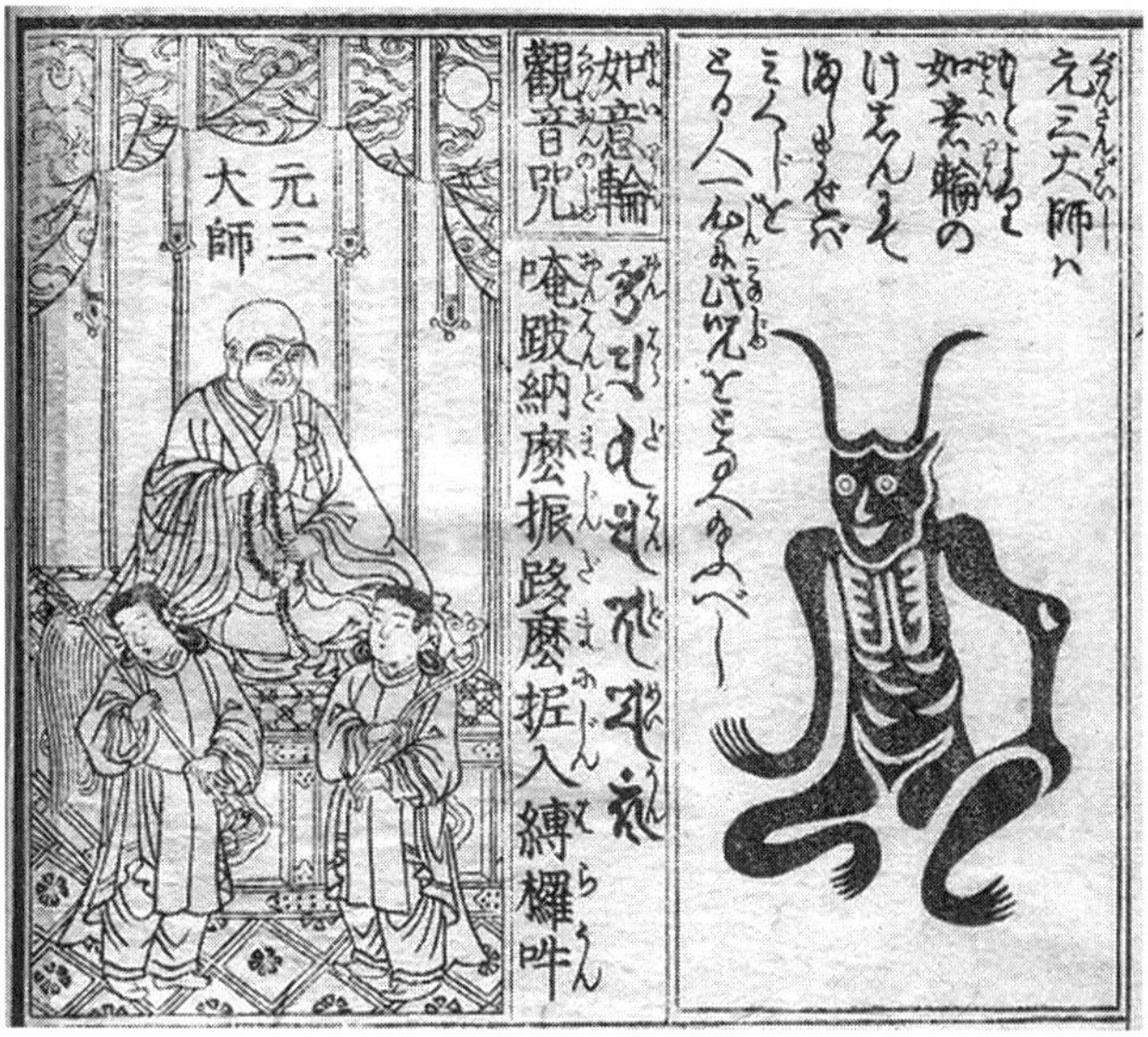

「厄除け大師」として知られる元三大師と角大師（『天明改正　元三大師御鬮繪抄』1785年刊）

つに「疱瘡神の詫び証文」がある。疱瘡神が家に入ったところ、家人に捕まってしまった。疱瘡神つまり疫神は命を助けてくれたお礼に、家人の名の「組屋六郎左衛門」とか「仁賀保金七郎」と書いて門口に貼っておけば疫病は入らないという証文である。実際にこの証文は、関東の諸県を中心に百例近く報告されている（大島建彦『疫神と福神』三弥井書店　二〇〇八）。ＷＨＯにより絶滅宣言が出された天然痘（疱瘡）についての江戸時代の諸相についてはフランスのＨ・Ｏ・ローテルムンド著『疱瘡神—江戸時代の病いをめぐる民間信仰の研究―』（岩波書店　一九九五）に詳しく書かれている。

正確な情報がないと人々は右往左往する。明治初期のコレラ流行時には、伝染病を避けるために電線の下を通るときに傘をさして歩いたという話があった。牛からとった天然痘ワクチンを接種すると角が生えるといううわさもあった。二〇二〇年のボリビアで、新型コロナウイルスは5G（最新の移動通信システム）にのってやってくるといううわさを信じた人が電波塔を破壊してしまったというニュースが伝えられた。このうわさ話を生み出したのもまた感染症の恐ろしさに他ならない。

人々は感染症から身を守る手段としてさまざまな話を語り継いできた。しかし、護符を門口に貼ったからといって感染症が防げるわけではない。防げるわけではないが、感染症が存在することの注意喚起の役割と、危機意識を持つという点で、「疫病」譚は効果のある言い伝えであったといえる。

地震

なぜ地震がおきるのかという原因を語る神話は世界中で語られている。民族学者の大林太良は地震神話を『神話の話』（講談社　一九七九）の中で七種、提示している。

一　大地を支えている動物が身動きをすると地震がおきる。

a　世界が動くと地震がおきる。

b　世界をとりまく、あるいは支える蛇が動くと地震がおきる。
c　世界魚が動くと地震がおきる。
二　大地を支える神あるいは巨人が身動きすると地震がおきる。この特殊な形式としては、縛られた巨人が身動きして地震をおこすという神話や信仰がある。
三　世界を支える柱あるいは紐を動かすと地震がおきる。
四　男女の神あるいは精霊が性交すると地震がおきる。
五　地震がおきると人々は「われわれはまだ生きている」と叫んで、地震をおこす祖先や神の注意を喚起して、地震を止めさす。

アイヌの「世界はアメマスの上につくられた」は、一―cにあたる伝承である。この世界魚が動くと地震がおきるという内容は、東アジアから東南アジアにかけて分布していると大林太良は述べている。日本でもっとも有名な地震の話は「要石」で、これも一―c型に属す。この「要石」は茨城県鹿嶋市の鹿島神宮だけでなく、茨城県桜川市の磯部稲荷神社、静岡県沼津市一本松の要石神社、三重県伊賀市阿保の大村神社、東京都八王子市上恩方町の椿山の要石の他、和歌山・石川・島根県にもあり、日本の各地に地震鯰の話が伝わっているのである。

歴史的にみると、「帰雲城」は安土桃山時代の天正一三年（一五八五）、「名立くずれ」は江戸時代

「鹿島要石真図」（安政2年）（東京大学総合図書館所蔵「石本コレクション」）

の寛延四年（一七五一）、「島原の大地震と蛇」は寛政四年（一七九二）、「大潮がぬけるぞォ」は安政元年（一八五四）、「大地震を知らせた仁王様」は明治二七年（一八九四）、「関東大震災と大蛇」は大正一二年（一九二三）、「タコは人を食う」は平成五年（一九九三）の地震を語っている。なかでも寛政四年四月の島原の地震（長崎県）は、昔話「蛇女房」と結びつき、蛇の眼玉を取り上げた殿様への罰として地震がおきたと伝えているところに特色がある。

一九九五年の阪神・淡路大震災、二〇一六年の熊本地震は記憶に新しい地震である。一九二三年の関東大震災も忘れてはならない地震だ。江戸期にも前記の他、文政一一年（一八二八）の越後大地震、天保四年（一八三三）の美濃国大地震、嘉永六年（一八五三）の相模国大地震、安政二年（一八五五）の江戸大地震とたくさんの死者と大きな損害をもたらした地震があった。

沖縄で地震のときに「チョウチカ、チョウチカ」と唱えることについて、民俗学者・宮田登は「チョウチカ」は「経塚」という認識に立ち、次のように述べている。

沖縄地方で、以前地震が起こると、「経塚経塚」と唱えるという報告があった。経塚は、諸国にあり、いずれも経巻を埋めたという伝説を伴っている。経巻を埋めたことにより、襲いかかってくる邪悪な霊が鎮められるのだと、ふつう説かれている。沖縄では、首里の郊外の松並木に経塚があって、大地震が起っても、決してその土地だけは動かないという言い伝えがあっ

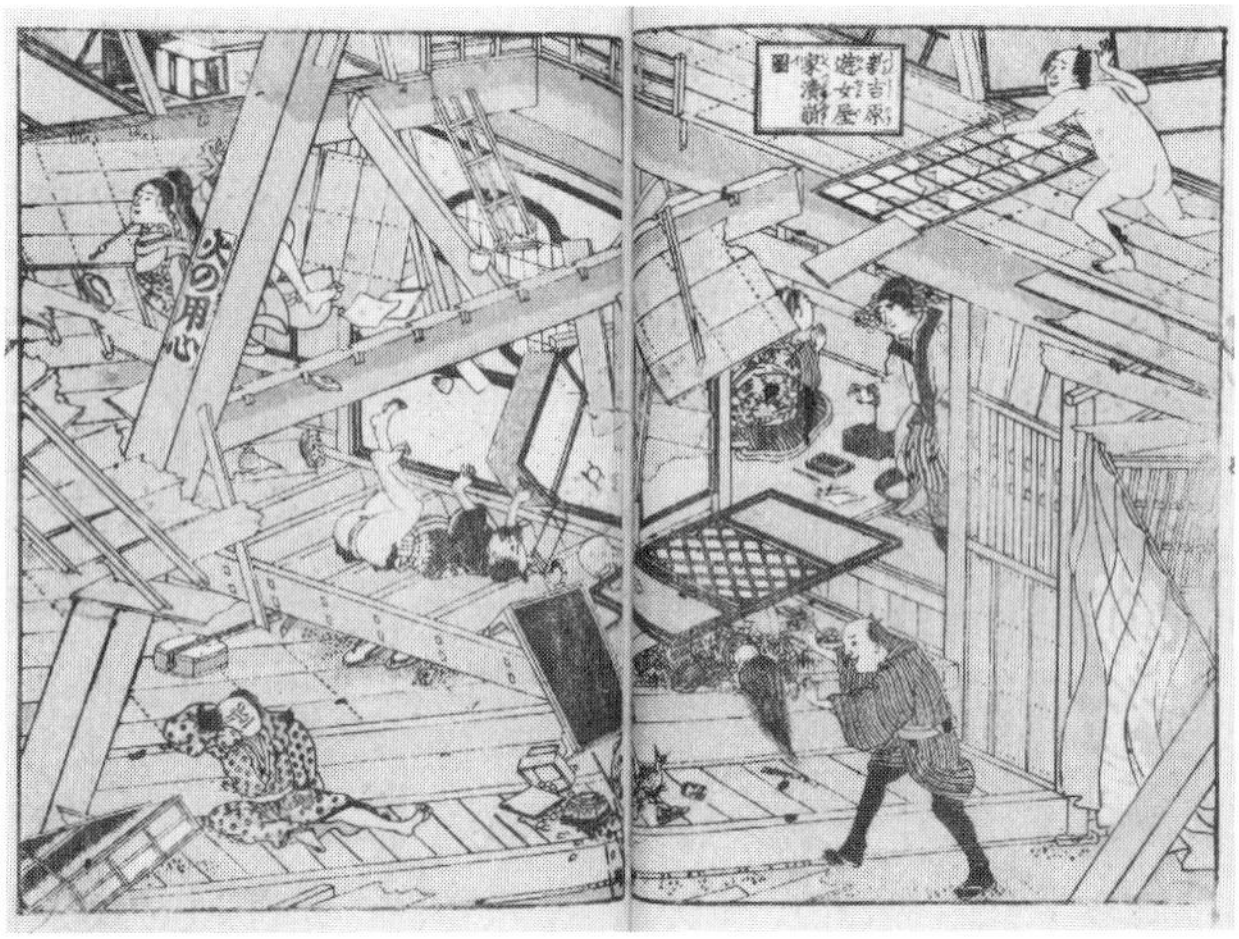

新吉原の遊女屋被災の図（『安政見聞誌』仮名垣魯文）

た。（『終末観の民俗学』弘文堂　一九八七）

大地震があっても土地が動かないという点では「要石」と共通している。柳田國男の『遠野物語』一一三番の「和野にジョウヅカ森と云ふ所あり。象を埋めし場所なりと云へり。此所だけには地震なしとて、近辺にては地震の折はジョウヅカ森へ遁げよと昔より云い伝へたり」に出てくる「ジョウヅカ森」も、経塚と関連しているのであろう。

恐ろしい災いは避けなければならない。人々は災いの発生を自然の変化から予知した。それがことわざとなって今日に伝わっている。災い予知のことわざをまとめたのが大後美保『災害予知ことわざ辞典』（東京堂出版　一九八五）である。この本から日本各地で伝えられている〈地震〉に関することわざを抜粋して紹介する。

鱗雲は地震の兆
午後九時に赤く雲の焼けたる時は地震あり
株虹は地震の兆（株虹とは上部が消えて見えない棒状の虹のこと）
地震の後、風または雲が起こらなければ再び地震
暑き日に空中、海、山などに鳴動あれば地震あり
節分に雷が鳴ると地震あり
地下水位が急に下りたる時は地震あり
時はずれの大潮引は大地震のきざし
海水の色紅くなる時は大地震あり
山鳴りが多いのは地震のきざし
赤トンボの群れ出ずるは地震のきざし
魚が池のまん中に集まると地震あり
キジがしきりに鳴けば地震

地震の前にはネズミがいなくなる
地震の前には大漁あり
ナマズが騒ぐと地震がある
地震の前には砂浜の形状に異変を生ず

「ナマズが騒ぐと地震がある」のことわざは広く世に知られている。江戸時代に鯰と地震のイメージが定着するのだが、それには版画の「鯰絵」が大きな役割を果たした。その「鯰絵」については次の図書が詳細に分析している。

・コルネリウス・アウエハント著、小松和彦・中沢新一・飯島吉晴・古家信平訳『鯰絵―民俗的想像力の世界―』せりか書房　一九八六
・宮田登・高田衛監修『鯰絵―震災と日本文化―』里文出版　一九九五

津波

未曾有の被害をもたらしたのは二〇一一年三月一一日の東日本大震災であった。関連死を含めると死者と行方不明者は二万人以上に及ぶという。たくさんの避難民を出した東京電力福島第一原子

力発電所の事故も、津波によるものであった。

二〇一一年八月二一日、二二日の二日間、私は宮城県本吉郡南三陸町で開かれた「みやぎ民話の会」主催の「みやぎ民話の学校」に参加した。二一日は津波体験者の話を聞いた。生死の境から生還した方々が、三・一一の恐怖を語ってくれた。宮城県名取市閖上《ゆりあげ》の鈴木善雄さんは、夫婦で逃げてようやく避難先の学校の校庭までできたとき、二人とも津波にのまれたそうだ。奥さんは津波にのまれる瞬間、夫の善雄さんに手を振ったという。善雄さんは奇跡的に助かったが、奥さんは三日後に校庭のがれきの中で遺体となって発見されたと、体験を聞かせてくれた。

二二日の午前中、南三陸町志津川地区の海辺の周辺を歩いてみた。三階建の防災対策庁舎は鉄骨だけが残っていた。防災無線で「津波がきます、避難してください」とマイクで呼びかけながら津波にのまれた遠藤未希さんを讃えるメッセージが正面にあった。多くの死者を出した海沿いの志津川病院も無残な姿のままだし、近くの公園には瓦礫の中に巨大なSLが横たわっていた。家の土台だけが残る海際の町の跡を歩いていると、六十代のおじさんが話しかけてきた。「妻の家がこの土台の上にあり、一家全員が津波で亡くなった」といい、コンクリートの土台を指さした。返す言葉は浮かばなかった。体験談は記録として、防災対策庁舎などの建築物は「震災遺構」として、津波の写真や映像も後世に津波の恐ろしさを伝えることになる。

かつての津波については、その記憶法として伝説の形がとられていた。北海道、本州、四国、九州、沖縄と、日本列島各地に津波伝説が伝えられている。人々がもっとも納得した津波の原因は「石像の血」（山上の石像に血がつくと大津波がくるという話）であった。「瓜生島伝説」「年寄り婆さと津波」「赤面地蔵」「お亀磯」の話に、「石像の血」が出てくる。多くは古くからの言い伝えを信じた者は命が助かり、信じずに言い伝えを馬鹿にした者は津波にのまれて命を落とすという内容である。平安時代の『今昔物語集』や鎌倉時代の『宇治拾遺物語』にもすでに「石像の血」と同様の話が収められている。『宇治拾遺物語』の「唐の卒塔婆に血が付く事」のあらすじを記す。

昔、唐に大きな山があり、頂上に卒塔婆が一つあった。麓の老婆は毎日塔婆を見に行った。若い男たちが山に登ると、老婆に会った。何度も会った。男たちは「なぜ毎日塔婆を見にくるのか」と聞いた。老婆は「わが家には〈この塔婆に血のつく時こそ、この山は崩れて深い海となる〉という言い伝えがあるから毎日見にくる」という。男たちは血を出して塔婆に塗りつけておいた。そして、村人たちには自分たちが血をつけたといっておいた。

次の日、老婆が登ってきて、塔婆の血に気がついた。村中に「早く逃げよ、山が崩れて海になる」と告げ回った。老婆は子や孫たちとともに里から逃げた。血を塗った男たちが大笑いしているときに、山が崩れた。老婆は子や孫を引き連れて、家財道具もなくさず、ほっとしていた。山は崩れて深い海となった。あざ笑った者どもはみな死んでしまった。

日本の話とこれだけ類似しているのだから、古典と「石像の血」伝説が関係のないわけがない。千年の歴史の中で、日本各地の伝説や昔話になったのであろう。

朝鮮半島にも「石仏、目赤くなると沈没する村」の話が、各地に伝わっている。旅僧を親切にもてなすと、旅僧が「石仏の目から血が流れたらすぐ逃げなさい。村に洪水がおきる」と教えてくれる発端となっている。ただ、韓国の沈んだ島伝説は、津波より大雨による沈没が多いという。それは、韓国では大きな津波や地震が多く発生しないからだと金賛會は「韓国の洪水説話―沈んだ島伝説を中心に―」(『昔話―研究と資料―』42号　二〇一四)で述べている。「石像の血」伝説の日中韓の比較は興味深い。

「石像の血」以外では、安政元年(一八五四)の安政南海地震の津波は「稲むらの火」として小学校の教科書に取り上げられていることと、明治二九年(一八九六)の三陸大津波は、岩手の「妻のたましい」や福島の「赤面地蔵」を生み出したことは特筆できる。

次に「津波」予知のことわざを大後美保『災害予知ことわざ辞典』から抜粋して紹介する。

―海より来る蒸暑い烈風は海嘯の兆

虹の棒柱は大暴風雨が近いか、津波の兆と知るべし
海岸地方の空平生《へいぜい》以上に赤く、大火事のごとくに見え、しかも地元に何事も無い時は近く大津波来る兆
沖に大砲をうつような音響聞え、大干潮となった時には必ず大津波あり
潮が強く引くと大津波あり
地震の後に海水にわかに退く時は直ちに津波来る
津波の来る前には海面がふくれる
浜がゆるめば津波来る
アワビやサザエが陸地へ這い上る時は津波あり
ウミガメが陸上深く産卵する時は津波あり
津波の来る前にはカニが盛んに移動する
津波の前には井戸水が異常ににごる

噴火

宝永四年（一七〇七）一二月、富士山が噴火した。江戸まで火山灰が降ったという「宝永の大噴火」

である。宝永地震の後のことで、地震と噴火の関わりが深いことを示している。

天明三年（一七八三）七月の浅間山の噴火のときも、江戸に火山灰が降ったという。「天明の大飢饉」の引き金となったのも浅間山の噴火であった。この噴火の溶岩流でできたのが観光名所にもなっている「鬼押出溶岩」。噴火による土石なだれは現在の群馬県吾妻郡嬬恋村鎌原にまで達し、村民四六六名が犠牲になったという。鎌原には「嬬恋郷土資料館」があり、土石なだれで埋没し、後に発掘された品々が展示されている。「浅間山爆発！　死者二千名！」はこの噴火の被害を伝えるかわら版である。「火の雨塚」は四〇〇〇年～五〇〇〇年前の噴火の話だから、安土桃山時代か江戸初期の浅間山噴火の話であろう。

寛政四年（一七九二）五月の島原の普賢岳《ふげんだけ》（長崎県）の噴火と地震と津波の影響は肥後（熊本県）に及び、「島原大変肥後迷惑」という言葉さえ生まれた。〈地震〉の項の「島原の大地震と蛇」参照。

現在の私たちが生々しい記憶として残っている近年の噴火被害を挙げてみる。

一九八六年一一月一五日、東京の伊豆大島三原山が噴火した。二一日に全島民の避難が始まり、一万人余りの人々が本土に避難した。

一九九一年六月、長崎県の雲仙普賢岳の噴火。火砕流により大きな被害が出た。道路を覆う噴煙の映像は忘れられない。

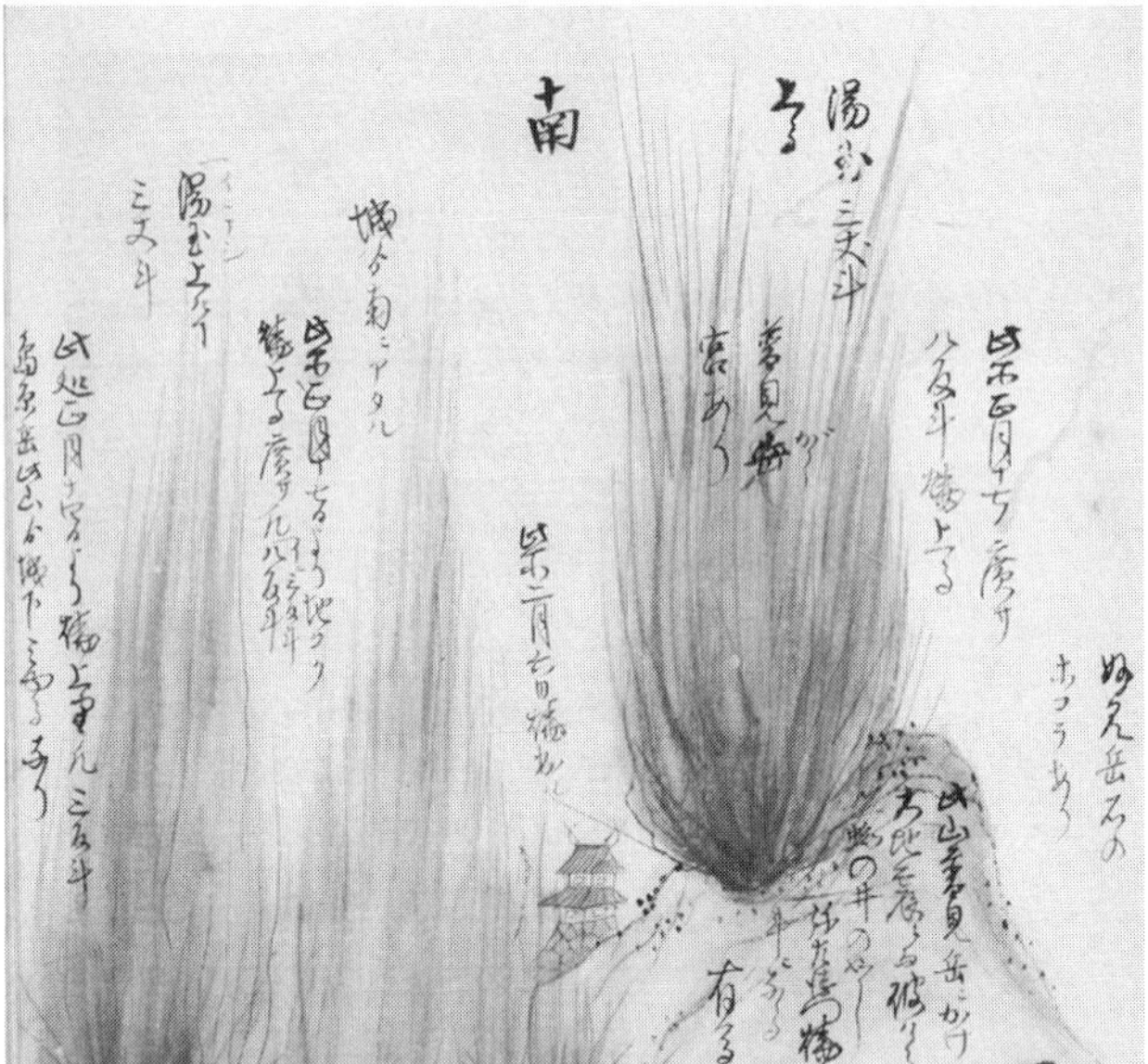

寛政4年（1792）5月21日、普賢岳が噴火し、激震と前山（眉山）が崩壊、直後の大津波によって約1万5000人もの人命が失われたという。『視聴草』

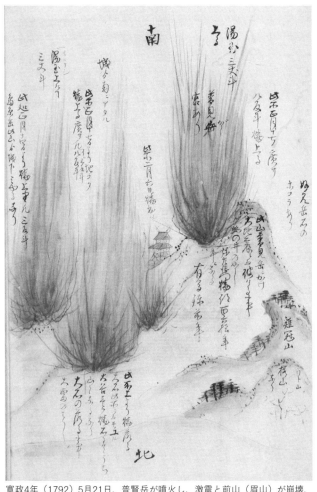

二〇〇〇年三月、北海道有珠山《うすざん》が噴火。人的被害はなかった。「有珠岳の噴火」の話は、アイヌの人々の間にも噴火伝承があったことを示している。

二〇一四年九月、長野県・岐阜県境の御嶽山《おんたけさん》の噴火では、頂上付近にいたたくさんの登山者が犠牲となった。「御嶽山の噴火」は、一九七九年の御嶽山噴火のときの話である。

二〇一六年四月の「熊本地震」の後、一〇月に阿蘇山が噴火した。

二〇一八年一月、群馬県草津白根山の噴火。

このように数多くの噴火があるにも関わらず、災害の伝承はあまり残っていない。そのような中で群馬県の「嬬恋郷土資料館」の存在意識は大きいといえよう。

雷

室町時代の芸能である狂言の演目に「雷」がある。天から足をすべらせた雷の傷を医者が大きな鍼《はり》を打って治してあげたとき、シテ（雷）、アド（医者）は次のような会話をする。
シテ　さりながら何ぞ礼したいものぢやが、何とせうぞ。さらば望みがあらば言へ。叶へてやらう。
アド　それならば申しましやう。私は田舎を歩きまして渡世を送りまする者でござる程に、日の照つてよい時分には、日を照らさせられて下されうず。又雨の降つてよい時分には、雨を降らさせられて、干損水損も無う五穀成就致すやうに、守らせられて下されうならば、有難う存じまする。（『古典全書』本）

雷は傷を治してくれたお礼に、八百年の間、地上に干損水損をなくすと約束し、再び天に上ってゆくのである。雷に水を司る神としての姿を認めているから成立する狂言なのだ。

天から落ちてきた雷を手助けして、天に帰させたので雷からお礼をもらったという話は平安時代の『日本霊異記』第三話「雷のむかしびを得て生ましめし子、強き力ある縁」の中にも出てくる。雷のむかしび（好意）を得て授かった子は、水を司っているのだから、根底では水の神と関わる。「雷様の恩返し」は狂言「雷」と相通じるところがある。川の流れを変えられるのは水を支配する力のある水の神のなせる術であった。さらに雷除けの話ともなっている。「くわばら、くわばら」「雷の手形」「桑の木さお雷様落づねわげ」、すべて雷除けの由来を語る話だ。雷が水の神として雨をもたらし、農作物を生育させる面と、音と光による恐ろしい面が人々の中で共存し、さまざまな話を生み出したのであろう。西日本では、兵庫県三田市の欣勝寺のように、雷が井戸に落ちてきたという発端が多い。

「雷神の手伝」は、全国的に伝わっている笑い話。雷が主人公ではなく、人間が天の雷の手伝いをして雨を降らし、失敗して天から落ちてしまった話に、雷除けの内容が加わって語られている。

洪水

台風や豪雨による川の氾濫は毎年のように起きている。二〇二〇年七月に熊本県人吉市の球磨川が氾濫し、五〇人以上の犠牲者が出たのも集中豪雨によるものであった。

このくり返される川の氾濫を止めるために、生きている人間を埋めて堤の工事を完成させたという人柱伝説は各地で伝えられている。無論、実際にあったことではない。それはどこの話も内容が共通していることからもいえる。「川面土手の人柱」は、民俗学者の柳田國男が人柱を論じた「人柱と松浦佐用姫」(『妹の力』所収)の冒頭で、「美女を水の神の牲《にえ》とした話」の例として示した話。現地でどう語られているかという観点から取り上げた。

「川面土手の人柱」は無理矢理人柱にされる話で、「巡礼堤」は提案者が人柱になる話。全国の堤建設の人柱伝説にはこの二つのパターンがある。

提案者が人柱になる話では「物言えば父は長柄の橋柱、きじも鳴かずば撃たれまい」の句を伴うこともある。「川面土手の人柱」と「巡礼堤」で共通しているのは、人柱になる人間が他所者であるということ。伝説上、犠牲となって人柱となるのは、六部《ろくぶ》・巡礼・盲僧などの他所者が少なくない。これは諸国を巡る人々がこの伝説の伝播に関わっているからである。

岡山県新見市大佐に「人柱地蔵」がある。越後国月潟村（現・新潟市南区月潟＝門付け芸の角兵衛獅子の本拠地）の友吉が六部となって諸国を旅しているとき、大佐の堤工事を完成させるための人柱となった。洪水から田を守ってくれた人として、村人は台座に「六部越後国月潟村行者　友吉」と記した「人柱地蔵」を建立し、友吉の霊を祀った。それを知った月潟の人たちが新見市の「人柱地蔵」を訪ねたとき、地域の人々が友吉を「地域の恩人」として今も感謝して祀っているということを知った。それ以来、新潟の月潟の人と岡山の新見の人の交流が始まった。人柱伝説が結んだ最近の縁である。人柱にしておいて、神や地蔵として祀るのは、人柱となった人間の魂を慰撫して祟りを起こさせないためであったろう。

「白髭の水」は、大洪水のときには水の上に白髭の爺さまが乗っていたという伝説の一例。「亀鰻合戦」で、洪水の通路を予告してあるいた白衣の入道も白髭の爺と同類。「やろか水」は、ことばを発すれば現実がことば通りになるという言霊《ことだま》信仰を根底にしている話。「旅僧に化けた大鰻」は「物食う魚」、「頼太水」は「米良《めら》の上漆」、「猿ケ渕の猿聟」は「猿聟入＝物拾い型」と、それぞれ全国に分布する話を洪水に結びつけて地域の伝説にしたという特色がある。「名主新八と蛇橋」では、新八がさん俵（俵のふた）を頭にのせて川を上流に向かって泳いだので、役人に怪しいと思われ見つかってしまったという別伝もある。物語的にはこの方が秀れているといえる。

洪水の原因となる大雨についてのことわざも多い。ここでも大後美保『災害予知ことわざ辞典』を引用させていただく。

カニの木登りは大雨の兆
カラスが騒ぐと大雨あり
空梅雨七月どしゃ降り洪水となる
朝虹は大水洪水の兆
虹が一度に二ヵ所に出ると洪水がある
河垢が多く流れる時は洪水近し
川水が急に減ると大水が出る
雨の日、河原にヘビの移動多ければ洪水あり
トンボが家の中へ入ると大水がある
カマキリの巣が高ければ出水あり

カラスが水浴する時は大雨洪水あり
竹やぶのヘビが竹に登る時は洪水あり
ホタル多き年は洪水あり
トウモロコシの丈け伸びる年は洪水あり
洪水の前には井戸水が増す

飢饉

飢饉を語る話は、悲しい結末となることが多い。その中にあって、飢饉の苦しさから生き抜いた話が「へびのだいもじ」である。〝へびのだいもじ〟とは天南星（テンナンショウ）のことで、サトイモ科に属し、有毒なものがあるという。「へびのだいもじ」と同じ岩手県下閉伊郡田老町（現・宮古市）でも、ケカチ（飢饉）の話が伝わっている。

ある家で、小さい子が空腹のためにひどく弱った。父親はふびんに思ったが、どうせ見殺しにするくらいなら、ヘブシ（毒薯）を食わせてひと思いに死なせたほうがよいと、心を鬼にして、これはずい分とうまいイモだ、炉の火に焼いて食っていろ、とだまして自分はトコロ（ヤマイモ科のつる草で根を食用とする）掘りに行った。

山にいる間じゅう、子が血ヘドを吐いて死んだ有様をいろいろと想像して、男泣きをして仕事は手につかなかった。

家に帰った父がこわごわと戸をあけて見ると、死んだはずの子が「イモはうまかったよ」と、けろりとした顔つきで言った。父はあっけにとられて土間にすわり、おんおんと大声をあげて泣いたそうだ。

（田老町役場産業観光課『ふるさと―田老町の伝説と民話集―』「百年飢渇」より　田老町観光協会　一九七五）

岩手県の三陸海岸の町と山間の町に同じ飢饉の話が伝わっていた。「遠野の飢饉」の話も岩手県の話で、江戸時代の遠野郷の飢饉の実状を伝えている。「郭公と時鳥」「馬追鳥」「山鳩の不孝」「てで、粉食え」「鳩の親子」も飢饉と関わる東北地方の話。これらは「小鳥前生譚」といって、小鳥の前世は人間であったと説く話群に属している。人が死ぬと魂は鳥となって天へ行くという霊魂観と、現実の悲惨な飢饉とが背景となって成立した話であろう。

飢饉のときにどのような物まで食べたかは「がしん年」「奈古のお伊勢様」「天保の飢きん」「小便莚」「けがち話」からその一端を窺うことができる。山野に自生する毒を持つ植物も食べなければ生きていけなかった飢饉の時代があったことを教えてくれる話。そんな飢饉を題材にして語られた笑い話が「チュウチュウドンブリ」であった。

＊　＊　＊

私たちの身近には、忘れてはならない記憶としての災い伝承がたくさん伝えられている。本書は編者の手許にある口承文芸資料の中から災い伝承を選び出したものだから、すべての項目において万全というわけではない。地方の諸記録には、本書所収話よりももっと生々しい伝承があるはずである。それらが、災害地において掘り起こされ、再び語り継がれ、災い伝承そのものが地域の貴い文化遺産となることを願っている。

参考引用文献一覧

疫病

『風土記』岩波書店　一九五八
金久正「奄美大島の昔話(二)」『旅と伝説』第十六巻第十一号　三元社　一九四三
更科源蔵『アイヌ伝説集』北書房　一九七一
柳田國男『遠野物語』角川文庫　一九五五
鈴木久子・野村敬子編『ミナエ婆の「村むがす」―山形県口承文芸資料―』岩田書院　一九九九
高津美保子「東京都檜原村の災害伝承」『語りの世界』69号　語り手たちの会　二〇二〇
韮塚小一郎編著『埼玉県伝説集成(中)』北辰図書　一九七三
水野修採話『徳之島民話集』西日本新聞社　一九七六
三田村鳶魚『道聴塗説』(『鼠璞十種』中巻所収)中央公論社　一九七八
野村純一『江戸東京の噂話「こんな晩」から「口裂け女」まで』大修館書店　二〇〇五
岡部由文・加茂徳明・後藤康宏・渡邊昭五『日本伝説大系』第七巻　みずうみ書房　一九八二
武田明編『讃岐佐柳島志々島昔話集』三省堂　一九四四
丸山久子・佐藤良裕編『陸奥二戸の昔話』三弥井書店　一九七三
小山真夫『小県郡民譚集』郷土研究社　一九三三
山田竹系『四国昔ばなし』四国毎日広告社　一九七六

地震

大林太良『神話の話』講談社　一九七九
荘川村口承文芸学術調査団編『荘川村の民話―伝説・世間話編』荘川村教育委員会　一九九四
小山直嗣『越後の伝説』野島出版　一九七三
大島広志編『ふるさとの伝説㈨』ぎょうせい　一九九〇
桂井和雄『土佐の笑話と奇談』高知県福祉事業団　一九五二
野村純一編『ふるさとの伝説⑥』ぎょうせい　一九九〇
阿彦周宜編『庄内・酒田の世間話―佐藤公太郎の語り―』青弓社　一九九二
高津美保子「東京都檜原村の災害伝承」『語りの世界』69号　語り手たちの会　二〇二〇
池田香代子・大島広志・高津美保子・常光徹・渡辺節子編『ピアスの白い糸　日本の現代伝説』白水社　一九九四
更科源蔵「アイヌ民話集」北書房　一九六三

津波

更科源蔵『アイヌ伝説集』北書房　一九七一
佐喜真興英『南島説話』郷土研究社　一九二二
源武雄『沖縄の伝説』第一法規出版　一九七四
米屋陽一責任編集『おかつ新三郎ふたりがたり』悠書館　二〇一三

小田嶋利江編『南三陸町入谷の伝承―山内郁翁のむかしかたり―』みやぎ民話の会　二〇〇九
山本金次郎『郷土の伝承』宮城県教育会　一九三一
高津美保子責任編集『矢部敦子の語り』日本民話の会　二〇一二
山中正義『部落の世間ばなし』明石書店　一九八七
米屋陽一責任編集『大平悦子の遠野ものがたり』悠書館　二〇一四
米屋陽一編『浦安の世間話―前田治郎助の語り―』青弓社　一九九二
土屋北彦「瓜生島伝説」『沈んだ島』所収「瓜生島」調査会　一九七七
佐久間惇一編『波多野ヨスミ昔話集』波多野ヨスミ女昔話集刊行会　一九八八
藤田浩子『かたれやまんば』番外編1　藤田浩子の語りを聞く会　二〇〇四
入善町史編さん室『入善町史―資料編』入善町　一九八六
武田明編『四国路の伝説』第一法規出版　一九七二
静岡県女子師範学校郷土史研究会『静岡県伝説昔話集』谷島屋書店　一九三四

噴火

更科源蔵『アイヌ伝説集』北書房　一九七一
平野直『岩手の伝説』津軽書房　一九七六
ふるさとを訪ね民話を読む会『お母さんが集めたなごやの民話』一九七五
民話と文学の会『民話と文学』第9号　一九八一
北佐久郡教育委員会『北佐久郡口碑伝説集』信濃毎日新聞社　一九三四

稲垣史生監修『かわら版　江戸の大変』天の巻　平凡社　一九九五

雷

野村敬子・霧林宏道編著『間中一代さんの栃木語り』瑞木書房　二〇一五
萩坂昇『よこはまの民話』むさしの児童文化の会　一九八一
土橋里木『甲斐の伝説』第一法規出版　一九七五
更科源蔵『アイヌ伝説集』北書房　一九七一
佐々木みはる編著『冬の夜ばなし―宮城・県北の昔話―』一声社　一九八二
佐々木喜善『聴耳草紙』三元社　一九三一

洪水

平野直『岩手の伝説』津軽書房　一九七六
山本金次郎『郷土の伝承』第二輯　宮城県教育会　一九三三
福田祥雄『愛知県伝説集』泰文社　一九六七
宮田登『終末観の民俗学』弘文堂　一九八七
小田嶋利江編『山内郁翁のむかしがたり―南三陸町入谷の伝承―』みやぎ民話の会　二〇〇九
韮塚一三郎『埼玉県伝説集成』中巻　北辰図書　一九七三
酒井董美・坂田友宏・戸塚ひろみ『日本伝説大系』第十一巻　みずうみ書房　一九八四
窪川町方六会「わが町の伝説」『季刊民話』第四号　民話と文学の会　一九七五

下川清・福田晃・松本孝三『日本伝説大系』十二巻　みずうみ書房　一九八二
加藤敏夫編『足立百の語り伝え』足立区教育委員会　一九八六

飢饉

金田一京助・荒木田家壽『アイヌ童話集』第一芸文社　一九四四
相沢史郎「民話・生の民衆史」『民話と文学』十七号　民話と文学の会　一九八六
大平悦子「私が語る遠野の飢饉の話」『語りの世界』六十九号　語り手たちの会　二〇一四
柳田國男『遠野物語』角川文庫　一九五五
川合勇太郎『青森県の昔話』津軽書房　一九七二
小鷹ふさ『飛驒のかたりべ　ぬい女物語』洛樹出版社　一九七一
松岡利夫『長門周防の伝説』第一法規出版　一九七七
市原麟一郎『四万十民話の里めぐり』土佐民話の会　一九九四
渡辺裕二『ひもじかった頃の記憶―聞き書き四国―』リーブル出版　二〇一〇
武田正編『安楽城の伝承』㈠　山形短期大学民話研究センター　二〇〇六
柳田國男『昔話と文学』角川ソフィア文庫　二〇一三

図版出典

国立公文書館デジタル展示「天下大変―資料に見る江戸時代の災害―」
東京大学総合図書館所蔵「石本コレクション」

大島廣志（おおしま・ひろし）
1948年東京生まれ。國學院大學で野村純一の指導を受け、口承文芸学を学び、全国各地の昔話を記録する。昔話、伝説、小泉八雲、近代における外国昔話の受容と展開、現代伝説の分析等についての論文がある。著書『民話一伝承の現実』（三弥井書店）、編著に『野村純一　怪異伝承を読み解く』『怪異伝承譚』（アーツアンドクラフツ）など。現在、昔話勉強会「大島塾」、「四季語りの会」主宰。NPO法人「語り手たちの会」、NPO法人「全日本語りネットワーク」理事。

日本災い伝承譚《にっぽんわざわいでんしょうたん》
2021年4月30日　第1版第1刷発行
2021年9月1日　　　　第2刷発行

編　者◆大島廣志《おおしまひろし》
発行人◆小島　雄
発行所◆有限会社アーツアンドクラフツ
東京都千代田区神田神保町2-7-17
〒101-0051
TEL. 03-6272-5207　FAX. 03-6272-5208
http://www.webarts.co.jp/
印刷　シナノ書籍印刷株式会社

落丁・乱丁本はお取り替えいたします。
ISBN978-4-908028-59-5　C0095